民法典法律适用与案例指引系列

总主编　李永军

民法典婚姻家庭编法律适用与案例指引

主　编　李永军

副主编　席志国 郑永宽 陈汉

中国民主法制出版社

图书在版编目（CIP）数据

民法典婚姻家庭编法律适用与案例指引/李永军主编；席志国，郑永宽，陈汉副主编．—北京：中国民主法制出版社，2022.3

（民法典法律适用与案例指引系列）

ISBN 978-7-5162-2793-0

Ⅰ.①民… Ⅱ.①李… ②席…③郑…④陈… Ⅲ.①婚姻法—法律适用—中国 Ⅳ.①D923.905

中国版本图书馆 CIP 数据核字（2022）第 050374 号

图书出品人：刘海涛
出 版 统 筹：乔先彪
责 任 编 辑：乔先彪　逯卫光　张雅淇

书名/民法典婚姻家庭编法律适用与案例指引
作者/李永军　主　编
席志国　郑永宽　陈　汉　副主编

出版·发行/中国民主法制出版社
地址/北京市丰台区右安门外玉林里 7 号（100069）
电话/（010）63055259（总编室）　63058068　63057714（营销中心）
传真/（010）63055259
http：// www. npcpub. com
E-mail：mzfz@ npcpub. com
经销/新华书店
开本/16 开　710 毫米×1000 毫米
印张/13　**字数**/187 千字
版本/2022 年 5 月第 1 版　2022 年 5 月第 1 次印刷
印刷/三河市宏图印务有限公司

书号/ISBN 978-7-5162-2793-0
定价/52.00 元

本书编委会

主　　任　李永军

副 主 任　席志国　郑永宽　陈　汉

编委会成员（按姓名拼音排序）

陈　汉　韩新磊　李大何　李伟平

李遐桢　李永军　刘志军　苏紫衡

王伟伟　席志国　辛巧巧　于程远

张兰兰　张亦衡　甄增水　郑永宽

撰 稿 人（以撰写章节先后为序）

陈　汉：第一章、第四章

席志国：第二章

刘志军：第三章

张兰兰：第五章

作者简介

李永军 法学博士，中国政法大学二级教授、博士生导师，中国法学会民法学研究会副会长，中国法学会民法典编纂领导小组成员。国家社科基金重大项目“民法典编纂的内部与外部体系研究”（项目号18ZDA141）首席专家；主持国家社科基金重点项目“民法典分则立法的内在与外在体系研究”。代表著作有：《民法总论》《民法总则》《合同法》《自然之债论纲——源流、规范体系与效力》《民事权利体系研究》《海域使用权研究》《破产法律制度》《破产重整制度研究》《合同法原理》《票据法原理与实务》。代表性论文有：《我国民法上真的不存在物权行为吗?》《契约效力的根源及其正当化说明理论》《我国合同法是否需要独立的预期违约制度——对我国正在起草的合同法草案增加英美法预期违约制度的质疑》《重申破产法的私法精神》《私法中的人文主义及其衰落》《论商法的传统与理性基础——历史传统与形式理性对民商分立的影响》《民法上的人及其理性基础》《物权与债权的二元划分对民法内在与外在体系的影响》《论债的科学性与统一性》《论债法中本土化概念对统一的债法救济体系之影响》《集体经济组织法人的历史变迁与法律结构》《民法典编纂中的权利体系及其梳理》《物权的本质属性究竟是什么？——〈物权法〉第2条的法教义学解读》《论我国民法典中无因管理的规范空间》《论民法典“合同编”与“总则编”和“物权编”的体系关联》《民法典侵权责任编的内在与外在体系》《婚姻属性的民法典体系解释》《民法典物权编的外在体系评析——论物权编外在体系的自洽性》《对我国〈民法典〉上“民事责任”的体系化考察》。

席志国　法学博士，中国政法大学民商经济法学院教授。兼任中国法学会民法学研究会理事、北京市物权法研究会理事。代表性著作有《中国物权法论》等；代表性论文有《论德国民法上的所有人占有人关系——兼评我国〈民法典〉第459—461条之规定》《民法典编纂视野下的动产担保物权效力优先体系再构建——兼评〈民法典各分编（草案）二审稿〉第205—207条》等。

郑永宽　法学博士，厦门大学法学院教授，兼任中国法学会民法学研究会理事，福建省法学会民商法学研究会副会长。代表性著作为《人格权的价值与体系研究》等；代表性论文为《医疗损害赔偿中原因力减责的法理及适用》等。

甄增水　法学博士，华北电力大学法政系教授，硕士生导师。代表性著作有《民法中的善意》等；代表性论文有《双轨制：我国善意取得制度设计的应然路径——兼析〈中华人民共和国物权法〉第106条》等。

李遐桢　法学博士，中国矿业大学（北京）文法学院教授，硕士生导师。代表性著作有《我国地役权法律制度研究》等；代表性论文有《无权处分他人之物转让合同效力的展开》等。

陈　汉　法学博士，中国政法大学民商经济法学院副教授，硕士生导师。兼任中国法学会婚姻家庭法学研究会副秘书长，北京市债法研究会常务理事。研究方向为传统家事法、家事法与其他法律的交叉问题。

于程远　法学博士，中国政法大学民商经济法学院副教授、硕士生导师。代表性论文有《论法律行为定性中的“名”与“实”》《论先合同信息风险分配的体系表达》《民法上目的性限缩的正当性基础与边界》《〈民法典〉时代家庭契约的效力审查体系》等。

李大何　法学博士，最高人民法院民二庭法官助理。代表性论文有《论附随义务及其救济方式》《未来民法典中人格权财产利益的保护模式》等。

刘志军 法学博士，华北电力大学法政系副教授。代表性著作有《民法精要：原理新述 · 真题精解 · 判例评析》《劳动法治论：以劳动争议处理为中心》等；代表性论文有《流浪儿童的法律预防机制探讨》《"以房养老"中签订遗赠扶养协议相关问题分析》等。

王伟伟 法学博士，北京市社会科学院法治研究所助理研究员。北京市物权法学会理事。

李伟平 法学博士，青岛大学法学院讲师、硕士生导师，中国政法大学民商法学博士，主要从事民法基础理论、债法等方面的研究，在《政治与法律》《民商法论丛》《法律适用》等期刊发表学术论文多篇；主持、参与国家级、省部级项目多项，曾获青岛大学第九届青年教师教学大奖赛优秀奖。

苏紫衡 法学博士，杭州电子科技大学法学院讲师，浙江省三农法治研究会理事、副秘书长。代表性论文有《对赠与任意撤销权的质疑——以赠与合同观的历史考察为核心》等。

韩新磊 法学博士，中国计量大学法学院讲师。代表性论文有《物权变动混合模式的经济学分析》《未经批准合同的效力状态与责任认定研究——基于对〈合同编（草案）〉第二百九十四条的规范修正》等。

辛巧巧 法学博士，中国政法大学民商经济法学院博士后。代表性论文有《算法解释权质疑》等。

张兰兰 法学博士，中国政法大学民商经济法学院师资博士后。代表性论文有《农村集体经济组织形式的立法选择——从〈民法总则〉第99条展开》和《履行费用过高规则的动态适用——对〈合同法〉第110条第2项第2种情形的具体化》等。

张亦衡 四川大学民商法在读博士生，中国政法大学民商法硕士。代表性作品有《民法典知识竞赛1000题》等。

◎总序

2020年5月28日第十三届全国人民代表大会第三次会议通过了《中华人民共和国民法典》（本丛书简称《民法典》），这是我国政治、经济、文化、社会生活、法治建设中的一个里程碑事件。在《民法典》出台之前的中国民法学研究可谓“百花齐放”，当然亦可说是处于一种“众说纷纭”的状态——因为没有体系化的《民法典》作为基石与起点。因此，即使是民事单行法，在体系上也难免迷失方向而找不到坐标。特别是在我国没有债法的一般性规定的时候，甚至连“什么是物权”“什么是债权”这样的基本概念及其区分都存在很大的争议，来自不同法系的观点交织在一起，很难得出“共识性”的知识。《民法典》的颁布与实施，正是立法机关努力解决这一现象的集中体现。然而，法典化从来都不能一劳永逸地解决所有法律上的难题。法典生命之树长青的秘密恰恰在于由学者、法官、律师以及其他法律工作者所构成的法律共同体，以其为基础和依据，所构建起来的法律教义学体系。

我国《民法典》无论是自其所颁布的时间而言，还是就其内容而言，抑或是自其结构体例来看都可以说是迄今为止全球最新的《民法典》。作为全球最新的《民法典》，我国《民法典》在内容上一方面充分反映了21世纪科学技术最新成果以及人类社会所面临的全新问题，不但将虚拟财产、数据、个人信息、电子合同等纳入其中加以规范，而且还将绿色原则作为其基本原则指导民事活动；另一方面，我国《民法典》还博取世界各国法律文明之长，如在担保制度中大量吸收了美国商法典动产担保制度的规定，从而致力于促进融资、改善营商环境。更为重要的是，我国《民法典》还作出了一系列制度创新，如在总则编中增加了英雄烈士人格利益保护条款、见义勇为条款；在物权编中首创了“土地所有权—土地承包权—土地经营权”的三权分置理论；在婚姻家庭编中首创了离婚冷静期制度；在侵权责任编中增加了自甘风险原则、好意同乘条款、高空抛物致人损害责任等。由此可见，我国《民法典》是一部国际化与本土化、民族化并重的全新法典。

自法典的结构体系而言，我国《民法典》亦颇具特色。从法典的模式来看，从罗马法开始到《法国民法典》，可以说是“三编制”的代表。直至《德国民法典》，其式样可以说是“五编制”的代表。自《德国民法典》以后，世界各国（民法法典化国家）就区分为“法法法系”和“德法法系”。我们必须明白的是：任何一个法系式样，都不是放之四海而皆准的模板。自我国法律现代化的历史以观，整体而言，我国《民法典》仍然采纳了德国法律科学所发展出来的潘德克吞立法体例，也即采纳了提取公因式的总分结构模式。这体现在我国《民法典》不但设有总则编，而且在每一分则编中均采取了进一步的提取公因式的做法，形成了“总则—分则（小总则—分则）”的模式。但是我国《民法典》并未亦步亦趋地模仿《德国民法典》，而是基于我国长期以来已经形成的法律体系及学说观点构建了“七编制”的《民法典》，也即“总则编＋物权编＋合同编＋人格权编＋婚姻家庭编＋继承编＋侵权责任编”。其中具有特色的首先应当是将“人格权”独立成编，体现了我国立法对于人权保护的重视。其次是不设独立的债权编，而是将其区分为合同编与侵权责任编两编，并将侵权责任编置于整部《民法典》的最末，作为所有权利的救济手段。但是，自体系化的视角来看，侵权责任编与合同编仍然是债权编的主要内容。特别是我国《民法典》第118条第2款规定：“债权是因合同、侵权行为、无因管理、不当得利以及法律的其他规定，权利人请求特定义务人为或者不为一定行为的权利。”其中合同编的通则分编代行债法总则的功能，对此《民法典》第468条规定：“非因合同产生的债权债务关系，适用有关该债权债务关系的法律规定；没有规定的，适用本编通则的有关规定，但是根据其性质不能适用的除外。”该条所指的本编通则即是指合同编的通则分编。

时间如白驹过隙，自 2021 年 1 月 1 日《民法典》实施之日起，至今亦一年有余。在这一年多的时间里，学说上对《民法典》的诠释已经汗牛充栋，仅仅关于《民法典》的评注书就有十余部，发表的学术文章更是不计其数。最高人民法院则依据《民法典》对以往民商事领域中的司法解释进行了全面的清理，有的予以修改、有的予以废止，目前正在准备陆续出台《民法典》诸编的全新司法解释。这无疑是民法理论界与实务界一次真正的学术盛宴。作为学术共同体的一部分，我们亦有义务做出自己的贡献。当前呈现给读者的这套《民法典法律适用与案例指引系列》丛书，意在为《民法典》的准确理解与适用提供一个法教义学的体系性解读，其特色在于一方面我们尽量用最为通俗易懂的语言精确地阐释《民法典》的条文和精神，另一方面还精选了一定的案例对重点疑难法律问题的适用加以说明。正如德国联邦最高法院的判决所指出的：法律解释，特别是宪法性法律解释具有商谈的品性，其中即便是方法上毫无争议的作业，在法律专家中亦不能保证获得唯一正确的结论，毋宁在于一方面提出论证的理由，驳斥相反的论证理由，最终选择最佳的论证理由以支持其结论。职是之故，我们的解释仅仅是一种论证的理由，其本身非完美无瑕，肯定还存在诸多错误和不足，敬请各位同人不吝赐教。您的批评和建议将是我们进步和完善的动力和源泉。

在此，还想代表所有作者对所有关心这套著作出版发行的同人和编辑表示衷心的感谢，感谢你们的支持和帮助！

李永军

2021 年岁末

目　　录

第一部分

法条精解与适用

第五编　婚姻家庭

第一章　一般规定

第一千零四十条　本编调整因婚姻家庭产生的民事关系。

【要义精解】

本条是对婚姻家庭编调整对象的规定。从性质看，本条不属于裁判规则，但属于法律适用的指引性条款。

与《民法典》的其他各分编相同，婚姻家庭编也在“一般规定”的第1条规定了本编的调整对象，其规范意旨在于明确婚姻家庭编所调整的民事关系的范围。婚姻家庭编的调整对象是“因婚姻家庭产生的民事关系”，其中包括人身关系与财产关系，这是总则一般性规定在婚姻家庭编中的具体体现。

【对照适用】

关于民法的调整对象，《民法典》第2条规定：“民法调整平等主体的自然人、法人和非法人组织之间的人身关系和财产关系。”相应地，各分编第1条均规定了调整对象，虽非裁判规范，但能起到一定的引导作用。婚姻家庭编在第1条中将调整对象规定为“因婚姻家庭产生的民事关系”，主要包括三个方面的内容：其一，因结婚、离婚而与其配偶所产生的法律关系，典型的例如夫妻共同财产的形成，夫妻共同债务；无过错方要求离婚损害赔偿的请求权等。其二，父母子女之间以及与其他亲属之间发生的法律关系，例如父母子女之间的抚养、赡养义务等。其三，收养关系的成立、效力和解除问题，如收养人需要具备一定的条件等。其中关于婚姻家庭的规定主要以原《婚姻法》为基础，而收养关系的规定则主要是以原《收养法》为蓝本。

第一千零四十一条　婚姻家庭受国家保护。

实行婚姻自由、一夫一妻、男女平等的婚姻制度。

保护妇女、未成年人、老年人、残疾人的合法权益。

【要义精解】

该条第1款、第3款是宣示性规定，不属于裁判规则。这是宪法基本权利之婚姻、家庭、妇女、儿童受保护的规定在民法中的体现。同时它也是婚姻家庭编后几章具体规定的概括性原则，例如第1082条、第1084条等都是对本的细化和延伸。

该条的第2款，则明确了“婚姻自由、一夫一妻、男女平等”这三项基本原则。

【对照适用】

民法典婚姻家庭编第1041条是对于婚姻家庭受法律保护的宣示性规定，同时也明确了婚姻家庭关系中的基本原则。虽无适用为裁判规范的功能，但具有行为引导与价值宣示之功能。

本条源于原《婚姻法》第2条的规定：“实行婚姻自由、一夫一妻、男女平等的婚姻制度。保护妇女、儿童和老人的合法权益。实行计划生育。”与此相比，《民法典》第1041条有以下修改：（1）增加了“婚姻家庭受国家保护”的规定，明确了婚姻家庭是法律保护的对象；（2）合时宜地删去了“实行计划生育”的规定，计划生育作为特定时代的阶段性政策，并且具有公法性质，确实不应该规定在《民法典》之中；（3）将特别受保护的范围从“儿童”扩大到“未成年人”，并增加了“残疾人”受保护的规定，体现了立法对于婚姻家庭中的弱势群体给予了更多的关注与保护。

第一千零四十二条　禁止包办、买卖婚姻和其他干涉婚姻自由的行为。禁止借婚姻索取财物。

禁止重婚。禁止有配偶者与他人同居。

禁止家庭暴力。禁止家庭成员间的虐待和遗弃。

【要义精解】

该条是关于保护婚姻家庭的一些禁止性规定。

该条第 1 款是关于婚姻自由的原则性规定，是对婚姻自由的展开，同时也是对各种破坏婚姻家庭行为的禁止性规定。不足的是，该条未直接规定违反本项规定所带来的法律后果，但是民法典婚姻家庭编第 1079 条将违反该条后两款的行为作为诉讼离婚的法定事由，相当于将这两条抽象规定进行了落实。

该条第 2 款的“有配偶者与他人同居”，根据《最高人民法院关于适用〈中华人民共和国民法典〉婚姻家庭编的解释（一）》（以下简称《婚姻家庭编解释（一）》）第 2 条，是指有配偶者与婚外异性，不以夫妻名义，持续、稳定地共同居住。

而第 3 款的“家庭暴力”，是指行为人以殴打、捆绑、残害、强行限制人身自由或者其他手段，给其家庭成员的身体、精神等方面造成一定伤害后果的行为；“虐待”则是持续性、经常性的家庭暴力。关于反家庭暴力，主要参见 2016 年 3 月 1 日起施行的《反家庭暴力法》中的相关规定。

【对照适用】

《民法典》于第 1041 条第 2 款规定：“实行婚姻自由、一夫一妻、男女平等的婚姻制度。”而本条第 1 款就是对婚姻自由受保护的规定，一定程度上是对第 1041 条第 2 款“婚姻自由”制度的重申和细化，使得人们了解哪些具体的侵害婚姻自由的行为不可为。

而“重婚”、“与他人同居”、“家庭暴力”和“虐待、遗弃家庭成员”则作为一方具有重大过错的原因，在《民法典》第 1079 条和第 1091 条中分别成为诉讼离婚的事由和无过错方请求离婚损害赔偿的情形。这说明在法律适用方面，该条主要是为后面的具体条文提供指引。

第一千零四十三条　家庭应当树立优良家风，弘扬家庭美德，重视家庭文明建设。

夫妻应当互相忠实，互相尊重，互相关爱；家庭成员应当敬老爱幼，互相帮助，维护平等、和睦、文明的婚姻家庭关系。

【要义精解】

该条是对婚姻家庭应然状态的规定。

《婚姻家庭编解释（一）》第 4 条规定："当事人仅以民法典第一千零四十三条为依据提起诉讼的，人民法院不予受理；已经受理的，裁定驳回起诉。"这说明该条是一种宣示性规定，不属于裁判规则。它是法律对良好的夫妻、家庭成员关系的希望，是通常的婚姻家庭关系应有状态的描绘，也是法律对平等、和睦、文明的家庭关系的倡导。这种宣示性规定虽无适用为裁判规范的功能，但具有行为引导与价值宣示之功能。

【对照适用】

该条作为宣示性规定，直接适用的可能性很小。但是该条规定了"夫妻应当互相忠实"，它可以作为后面关于"重婚""与他人同居"规定的基础。同时它也与《民法典》第 1042 条的禁止性规定相呼应，从正面倡导了夫妻之间的正常相处模式。

原《婚姻法》第 4 条规定："夫妻应当互相忠实，互相尊重；家庭成员间应当敬老爱幼，互相帮助，维护平等、和睦、文明的婚姻家庭关系。"与此相比，该条增加了"家庭应当树立优良家风，弘扬家庭美德，重视家庭文明建设"和"夫妻应当互相关爱"的规定，体现了法律关于构建良好的夫妻、家庭关系的希望。

第一千零四十四条　收养应当遵循最有利于被收养人的原则，保障被收养人和收养人的合法权益。

禁止借收养名义买卖未成年人。

【要义精解】

该条规定了收养应最有利于被收养人的原则以及收养关系受法律保护，确定了收养以被收养人利益为中心的立法基调。

收养应当遵循"最有利于被收养人"的原则，根据《民法典》第 1093 条规定，被收养人应当是未成年人，因此该条也体现了对未成年人的特别保护，是对《民法典》第 1041 条第 3 款"保护未成年人"的重申。该原则体现在很多方面，例如收养 8 周岁以上未成年人的，应当征求其同意；解除收养关系时，养子女 8 周岁以上的，应当征求其同意等。这主要考虑到作为具有限制行为能力的被收养人，被收养人仍具有一定的行为能力，能够一定程度上表达他们的意愿，因此他们能够分辨出是否喜欢收养人，与收养人生活是否合适等情形。尊重他们真实的意思表示，既是最大限度地保护他们，也是为融洽的收养生活或者和平解除一段收养关系做准备。

【对照适用】

该条第 1 款是对于原《收养法》第一章第 1 条、第 2 条原有规定的整合和重塑，保留了重要的“最有利于被收养人原则”以及收养关系受到保护的部分。

第 2 款增加了“禁止借收养名义买卖未成年人”这一规定。增加的部分属于宣示性规定，不属于裁判规范。考虑到现实生活中，很多犯罪分子为了规避拐卖儿童罪的刑罚制裁，而假借收养之名行买卖未成年人之实，规定该款以示对这种行为的禁止。但是该款并没有规定“借收养名义买卖未成年人”的法律后果，使得这种禁止性规定的效力大大减弱，若能够予以规定或者衔接其他部门法上的处罚，可能效果会更佳。

第一千零四十五条　亲属包括配偶、血亲和姻亲。

配偶、父母、子女、兄弟姐妹、祖父母、外祖父母、孙子女、外孙子女为近亲属。

配偶、父母、子女和其他共同生活的近亲属为家庭成员。

【要义精解】

该条规定了亲属、近亲属及家庭成员的范围，也是民事立法中第一次系统性地规定亲属。未来其他立法中关于亲属的范围，也应遵从本项规定。

该条表明亲属的范围包括配偶、血亲和姻亲。实际上配偶是否属于亲属的范围，在学界上一直有争议。持肯定观点的学者认为，配偶若不能纳入亲属的范围，那配偶就成了附属家属而不能成为基本家属，不甚合理。持否定观点学者认为，配偶作为亲属关系的源泉，但并非亲属本身，既无亲系、亲等，又无尊卑可分，没有实质意义。[1] 我国将配偶纳入亲属的范围，可能考虑到配偶作为与父母子女同等重要的家属，不仅在人们的一般观念中被认为是亲属，同时在各种法律规定中也作为最为亲近的亲属存在：例如民法典总则编第二章第 28 条，配偶是作为无民事行为能力或者限制民事行为能力的成年人监护的第一顺位；民法典继承编第二章第 1127 条，在法定继承中，配偶是与父母、子女同为遗产的第一顺序继承人的。因此将配偶纳入亲属尤其是近亲属的范围，符合一般民众的生活习惯，也方便各种部门法关于配偶规定的适用与理解。

【对照适用】

该条是《民法典》新增内容。它清晰界定了亲属、近亲属、家庭成员的范围，使得这些极易混淆词语的含义清晰化。

关于近亲属的明确，主要是为了在后文对近亲属之间的权利义务关系规定提供便利，例如父母对子女的抚养义务，成年子女对父母的赡养义务等，均是在近亲属的范畴之内。

该条第 3 款规定了家庭成员的范围，可能主要是为了之后有关“家庭暴力”作为诉讼离婚的事由，或是无过错方要求离婚损害赔偿请求的规定能够被精准适用。

---

〔1〕 林秀雄：《亲属法讲义》，中国台湾地区元照出版公司 2018 年版，第 27 页。

第二章　结　　婚

第一千零四十六条　结婚应当男女双方完全自愿，禁止任何一方对另一方加以强迫，禁止任何组织或者个人加以干涉。

【要义精解】

本章所规定的是结婚的原则、要件以及无效婚姻与可撤销婚姻。本条所规定的是结婚的基本原则——婚姻自由原则，以及由此所决定的结婚的核心要件：结婚行为系男女双方自愿实施的以共同生活为目的的“合意”。

一、婚姻自由原则

婚姻自由原则是婚姻家庭法也是现行民法典婚姻家庭编的核心原则，是民法基本原则——意思自治在婚姻家庭编中的体现。私法之民法最为重要的原则或者说核心原则即为意思自治原则（也被称为私法自治原则），我国《民法典》为了与西方国家的民法典有所区别将其称为“自愿原则”（《民法典》第5条）。私法自治原则在婚姻家庭编中的体现即为“婚姻自由原则”。婚姻自由原则系由结婚自由与离婚自由两个方面共同构成的，本条与婚姻家庭编第一章一般规定中的第1042条第1款共同规定了“结婚自由”原则。

婚姻自由是人的基本自由的重要组成部分，是宪法所保障的基本人权的范畴，《宪法》第49条第4款前半段明确规定“禁止破坏婚姻自由”。《宪法》规定的婚姻自由，首先是国家机关的要求，要求各级国家机关遵守宪法所规定的婚姻自由，不得干涉婚姻自由。另外，《宪法》规定婚姻自由，也要求立法机关积极构建婚姻制度，通过原《婚姻法》保障婚姻自由，而不能通过阻碍婚姻自由的法律制度，这构成了“立法保留”，换言之，即便是立法机关亦不能通过法律为婚姻的缔结设置过多的障碍性或禁止性规定。当然，立法上要求婚姻缔结必须符合登记的形式要件，必须符合自愿、无配偶、达到结婚年龄等实证要件，是符合婚姻的本质性要求的，不但不违反婚姻自由原则毋宁说是婚姻自由原则中应有之义。[1] 近来有人标新立异提出要建立“结婚冷静期”制度，则属于严重干涉和限制婚姻自由原则，属于对于婚姻设有不必要的负担，若立法对此加以规定则有违反宪法之嫌疑。

婚姻自由原则对于企事业单位而言，具有强制性规范的性质，要求企事业单位充分保障其员工的婚姻自由，而不能加以干涉。因此，企事业单位既不能将是否结婚作为其招聘的前置条件，更不能将是否结婚以及是否生育子女作为解除条件，从而在发生该条件时自动解除劳动合同关系等。这样的做法是违反宪法关于“婚姻自由”受法律保障的要求的，从而该规定因违反法律而无效。

正如同自由可分为积极的自由和消极的自由一样，结婚自由原则亦由正反两个方面构成。自正面以言，结婚自由包括是否结婚的自由、何时结婚的自由、与谁结婚的自由、选择在哪里结婚的自由等；自反面以言，结婚自由原则意味着，任何自然人、法人或者非法人组织均不得以不正当的方式干涉他人是否结婚、与谁结婚、何时结婚等自由决定与选择的权利。本条所规定的即为结婚自由中的消极方面，禁止任何组织（包括法人与非法人组织）与自然人干涉他人的结婚。

应当说婚姻自由原则是近代文明的产物，是法律完成了“从身份到契约”的转型之后才逐渐得以实现的。在近代以前，无论是东方还是西方，婚姻都是由父母乃至于整个家族共同所决定的，所谓的“父母之命、媒妁之言”是决定婚姻的关键因素，而父母为子女缔结婚姻首先考虑的是“门当户对”，考虑的是婚姻对整个家庭带来的地位和经济利益等方面，而不是子女的爱情和个人幸福。也正因为如此，历史上产生了很多悲壮而凄美的爱情故事，如罗密欧与朱丽叶。新中国成立后，彻底推翻封建制度以及基于此的封建礼教，1950 年制定的第一部《婚姻法》即正式宣告“婚姻自由”原则为其核心原则。

二、结婚行为的性质

婚姻是男女双方基于共同意愿而形成的以终生共同生活为目的的共同

---

〔1〕 Vgl. Münchner Kommentar. Zum § §1303-1312，Vorbemerkung. Aufl. 6. 2013. Wellenhofer. Rn. 15-20.

体。[1] 结婚则是男女双方建立婚姻关系的合意行为。在潘德克吞立法体例中，结婚行为在性质上属于法律行为之一种，且属于双方法律行为。也正是将结婚、离婚（指合意离婚）等身份行为以及遗嘱作为法律行为的一种，才与债法上的合同、物权法上的物权行为共同撑起了潘德克吞立法体例的总则编中的核心制度——法律行为。也正是有了法律行为，才使总则编得以独立成编。当然，很多学者反对将结婚、合意离婚等行为作为法律行为的观点，从而否认在民法中构建统一的法律行为制度。《荷兰民法典》制定时仅仅将法律行为规定于财产法总则中，认为法律行为仅仅是财产法的共同制度，并不能适用于家庭法与继承法之中。我国自民国时期的《民法典》即继受了潘德克吞的立法体例，采取了总分的立法模式，此次《民法典》的编纂仍然延续了这一立法传统。[2] 婚姻家庭编纳入《民法典》作为一个分编，充分说明了婚姻家庭编中的结婚、离婚、收养以及关于夫妻财产的约定均属于总则编中法律行为的范畴。正是在这一意义上，结婚行为与契约（合同）具有其共同性，属于广义上的合同，故在《德国民法典》中均适用总则部分关于合同之缔结的规定。我国民法典总则编民事法律行为一章并未设定双方行为（广义上的合同）的共同性规范，而是在第三编合同编中规定合同的订立与成立的问题。而在立法技术上我国《民法典》则通过位于合同编的第 464 条第 2 款准用性规定解决了该问题，在婚姻家庭编中没有规定且总则编中也没有规定的则可以参照适用合同编的规定："婚姻、收养、监护等有关身份关系的协议，适用有关该身份关系的法律规定；没有规定的，可以根据其性质参照适用本编规定。"

结婚行为是法律行为，也是非常特殊的法律行为，因此有其自身的特点，从而应当有区别于其他法律行为的特别规范。结婚行为属于身份行为，其所引起的是夫妻身份关系的发生，并基于此会产生一系列的财产性后果，不但对于夫妻双方关系巨大，而且对于双方的家人、与双方有交易关系的第三人等都有着千丝万缕的关系，甚至还关系着公共利益，因此法律对于结婚行为设有更多的强行性规定。首先，与普通的合同行为不同，结婚行为的法律效果完全是由法律规定的，而不是由当事人双方的意思表示所决定的，当事人的意思表示仅对是否缔结婚姻具有决定性，但是一旦

〔1〕 Vgl. Münchner Kommentar. Zum § § 1303-1312, Vorbemerkung. Aufl. 6. 2013. Wellenhofer. Rn. 10.

〔2〕 席志国：《〈民法总则〉中法律行为规范体系评析》，载《浙江工商大学学报》2017 年第 3 期。

其对缔结婚姻形成合意则其法律效果完全由法律所决定。其次，结婚行为作为身份行为只能由双方当事人亲自实施而不能予以代理，无论是意定代理还是法定代理均无适用的余地。再次，结婚行为有其自身的生效要件与禁止性要件，对此下文将予以讨论。最后，对于婚姻的效力瑕疵问题，婚姻家庭编的规定原则上具有封闭性，不适用民法典总则编的规定。

三、结婚行为的要件

（一）实质要件

1. 积极要件

（1）当事人为男女双方。尽管世界上已经有不少国家承认同性婚姻，我国学者亦有倡导、认可同性婚姻的观点，但是我国法律到目前为止，不承认同性婚姻，结婚的只能是男女双方。《民法典》第 1046 条中明确规定，“结婚应当男女双方完全自愿”。

（2）须双方就缔结婚姻意思表示一致。结婚作为双方法律行为，最为重要的要件就是双方就此意思表示一致，或者说形成合意。与其他双方法律行为不同的是，该合意必须在登记官面前为之，这也是结婚行为作为要式行为的要求。

（3）须双方均具有结婚能力。世界各国法律几乎均在行为能力之外为结婚专门规定了婚姻能力，即只有达到一定年龄之上的人才有结婚的资格。有的国家将结婚能力的年龄规定得高于成年（行为能力取得），也有的国家结婚能力的年龄低于成年。我国《民法典》第 1047 条规定，男性结婚年龄不得早于 22 周岁，女性结婚年龄不得早于 20 周岁。有争议的是，无行为能力人与限制行为能力人是否能够结婚。在我国，由于法定结婚年龄高于成年年龄，因此作为无行为能力人或者限制行为能力人的未成年人是达不到法定婚龄，没有结婚能力的，故不能结婚。在规定结婚年龄低于成年年龄的国家，则要求未成年人结婚须征得监护人之同意，这与普通法律行为一样。对于已经达到法定婚龄但是有认知障碍的无行为能力人与限制行为能力人是否可以结婚的问题，我国法律无明确之规定。但是，基于结婚是法律行为，故结婚行为需要具有相应的行为能力，对于无行为能力的成年人，自己不能缔结婚姻，且婚姻作为身份行为又不能通过代理人代理实施，故其不能结婚。至于限制行为能力人，也即有一定认知能力的人，其本身可以实施法律行为，唯须经法定代理人同意（《民法典》第 145 条第 1 款）。笔者认为，为了防止法定代理人不正当干涉婚姻自由，可以借鉴国外未成年人结婚之规定，在法定代理人不同意时，得请求人民法院免除代理人同意之必要，从而由法院予以决定。

2. 消极要件

（1）一方有配偶的。我国实施一夫一妻的婚姻制度，故有配偶者不允许再行结婚。有配偶者再次结婚则构成重婚，不但所缔结的婚姻是无效的，而且还构成重婚罪。这里的有配偶既可以是经过登记的婚姻，也可以是构成了事实婚姻的情形。

（2）双方系直系血亲或者三代以内的旁系血亲。基于生物学上优生优育的要求以及伦理上的考量，我国禁止直系血亲和三代以内旁系血亲的亲属结婚，否则婚姻无效。

（二）形式要件

在比较法上有两种不同的婚姻：世俗婚与宗教婚。两种婚姻的形式要件各不相同，世俗婚基本上要求在主管官员面前实施缔结婚姻的合意并且予以登记；而宗教婚则因不同的宗教和同一宗教的不同教派在形式上有所区别。我国自古以来就是政教分离，从来没有过宗教婚的传统，新中国的《婚姻法》更不可能给予宗教婚任何适用的余地，结婚唯一的形式就是在民政部门进行登记。民间传统的结婚仪式固然对于婚姻双方而言具有宣示的意义，并且使婚姻具有仪式感从而使双方更加尊重婚姻，更加谨慎对待婚姻，但是该结婚仪式并非婚姻的成立要件，当事人是否举办这样的婚礼法律不予干涉。

【对照适用】

原《婚姻法》第5条规定，结婚必须男女双方完全自愿，不许任何一方对他方加以强迫或任何第三者加以干涉。本条规定与原《婚姻法》规定相比较，首先是在用语上更加规范，以“禁止”代替了“不许”，充分表明了该法律规范系禁止性法律规范。其次，该规定还增加了“禁止任何组织或者个人加以干涉”的规定，从而充分保障结婚完全出于双方当事人的自由意志。

第一千零四十七条　结婚年龄，男不得早于二十二周岁，女不得早于二十周岁。

【要义精解】

本条是关于法定婚龄的规定。

结婚事关重大，其不仅仅关系着结婚双方的未来幸福生活和发展的问题，而且还关涉到整个国家的人口政策等社会公共利益问题，因此各国法律均为结婚规定了最低的年龄要求。首先，只有达到一定年龄，其生理上才具备结婚的条件，婚姻生活才不至于对其造成生理上的损害，而且也不会影响到子女的身体健康等问题。其次，只有达到一定的年龄，具有一定的阅历，其心理上才能够正确认识婚姻的意义和价值，才能够理解结婚所产生的责任，从而决定是否结婚、与谁结婚的问题。再次，只有达到一定年龄之后，才能够承担起生儿育女的责任，能够履行对子女的抚养、教育等职责。此外，结婚年龄的早晚也决定着生育子女的早晚及多少的问题，从而影响到一个国家的人口结构。

当然，各个国家基于传统、文化、政治、经济、社会等方面的差异，在最低结婚年龄的要求上亦有所不同，有的规定得较早，有的则规定得较晚。根据学者对193个国家和地区的关于法定婚龄的统计分析，明确规定男性结婚年龄的国家和地区有187个。男性法定结婚年龄最高的为22岁，多数国家和地区规定为18岁至22岁之间。其中，采用18岁标准的国家和地区有130个，占69.5%。明确规定女性结婚年龄的国家和地区有185个。女性法定婚龄最高的为21岁，多数国家和地区规定为18岁至21岁之间。其中，采用18岁标准的有121个国家和地区，占65.4%。[1] 此外，从世界的范围来看，关于婚姻之年龄，在现代婚姻法上除了订婚年龄、结婚年龄外，尚有同意年龄一种；同意年龄者，男女婚假于一定年龄内，须取得有同意权者同意之谓也。[2] 之所以有同意年龄，是因为这些国家规定的婚姻年龄普遍低于成年年龄，从而对于未成年人，达到一定年龄在征得其法定代理人同意的基础上可以结婚。如我国台湾地区“民法”第980条规定，男未满18岁，女未满16岁不得结婚。第981条规定，未成年人结婚应得法定代理人同意。可见，已满16周岁的未成年女性可以结婚，但是须得其法定代理人同意。第973条规定，男未满17岁，女未满15岁者，不

---

〔1〕 黄薇主编：《中华人民共和国民法典婚姻家庭编释义》，法律出版社2020年版，第28页。

〔2〕 陈顾远：《中国婚姻史》，商务印书馆2014年版，第94页。

得订定婚约。第974条规定，未成年人订定婚约，应得法定代理人之同意。《德国民法典》第1303条规定，未成年人不得缔结婚姻。与不满16岁的人缔结的婚姻无效。而满16岁的人在征得法定代理人之同意或者经家事法院解除其须经法定代理人同意的限制之后可以结婚，但是对方必须是成年人。从世界的总趋势上观察，结婚的法定婚龄呈现出降低的趋势，甚至有很多国家将结婚的法定年龄降低到了成年年龄之下。

我国历史上历朝历代都有法定婚龄的规定。成婚年龄之高低，历代屡有变迁，而礼法所限与事实上之嫁娶年龄，有时并不一致，古代或较后世稍高，其大较也。[1] 新中国成立后，1950年制定的《婚姻法》规定法定婚龄为男20岁、女18岁。1980年修改的《婚姻法》基于晚婚晚育与计划生育政策，将法定婚龄提高到男22岁、女20岁。《民法典》仍然延续了1980年《婚姻法》的做法，将法定婚龄确定为男22岁、女20岁。同时《民法典》第1051条规定未达法定婚龄结婚的，则婚姻无效。由于我国《民法典》所规定的法定婚龄高于成年年龄，因此并不存在所谓的同意结婚的年龄，我国《民法典》不承认婚约的效力，故亦无订婚年龄的限制。关于年龄的计算则适用《民法典》第15条关于自然人出生时间的规定。因此，男性于第22岁生日的次日，女性则于第20岁生日的次日达到法定婚龄得以结婚。

【对照适用】

该条规定与原《婚姻法》第6条相比较，删除了"晚婚晚育应当鼓励"的规定，这是由我国人口政策发生转变所致。也就是说，虽然《民法典》仍然采纳了原《婚姻法》的法定婚龄，但是不再倡导晚婚晚育，而是听凭当事人之自由，不再对此作出相应的评价。

第一千零四十八条　直系血亲或者三代以内的旁系血亲禁止结婚。

【要义精解】

本条是关于禁止结婚的规定。

基于生物学与伦理上的双重考虑，古今中外的法律均存在特定亲属之

---

[1] 陈顾远：《中国婚姻史》，商务印书馆2014年版，第96页。

间禁止结婚的规定。禁止具有特定血缘关系的人结婚，首先是基于优生优育的考量。生物学的研究成果证明，具有特定血缘关系的亲属之间结婚所生育的子女在生理、智力等方面发生先天缺陷的概率远远超过了没有血缘关系之两性结合所生育子女，因此，在人类社会的早期既已通过各种禁忌禁止一定范围内具有血缘关系的人结婚了。此外，禁止特定范围内的亲属相互之间结婚亦系基于伦理的考量。中华文化源远流长，就婚姻嫁娶如此重要的大事更是发展出了复杂的礼仪规范，对于不同辈分直系血亲之间的婚姻加以禁止，甚至作为一种最为严重的犯罪予以处罚——乱伦。基于伦理的考虑，我国不但禁止自然血亲之间的结婚，还禁止拟制血亲（也即基于收养等所形成的亲属关系）和存在特定姻亲关系的人之间结婚。当然，不同历史时期、不同民族、不同国家对于哪些范围内的亲属不得结婚的规定亦存在较大的差别。换言之，有的国家规定的禁止结婚的亲属范围较为宽泛，而有的国家则规定得较为狭窄。一般而言，对于直系血亲，几乎所有国家、地区的立法均予以禁止。对于旁系血亲，有的国家和地区仅禁止二亲等的旁系血亲结婚，有的国家则禁止三亲等的旁系血亲结婚，而有的国家则禁止四亲等乃至五亲等、六亲等的旁系血亲结婚。除此之外，有不少国家和地区除了禁止血亲之间结婚，还禁止一定范围内的姻亲结婚。例如，依据《德国民法典》第 1307 条规定，直系血亲或全血缘及半血缘的兄弟姐妹之间不得结婚，即使该亲属关系因收养而在法律上消灭亦同。《德国民法典》第 1308 条则规定，基于收养关系而形成的直系亲属之间以及兄弟姐妹之间亦不得结婚，但是收养关系终止的除外。因收养关系而形成的旁系血亲（即兄弟姐妹关系）得申请法院而免除结婚禁止之规定的适用，但是有重要理由不许其结婚的不得免除。《日本民法典》第 734 条规定："（一）直系血亲或三亲等内的旁系血亲之间不得结婚。但是，养子女与养父母方的旁系血族之间，不在此限。（二）依第八百一十七条之九的规定终止亲属关系后，与前款相同。"第 735 条规定："直系姻亲之间，不得结婚。依第七百二十八条或者第八百一十七条之规定终止姻亲关系后，亦同。"第 736 条规定："养子女及其配偶、养子女的直系卑亲属及其配偶，与养父母及其直系卑亲属之间，依第七百二十九条规定终止亲属关系后，不得结婚。"我国台湾地区"民法"第 983 条规定："与下列亲属，不得结婚：一、直系血亲及直系姻亲。二、旁系血亲在六亲等以内者。但因收养而成立之四亲等及六亲等旁系血亲，辈分相同者，不在此限。三、旁系姻亲在五亲等以内，辈分不相同者。前项直系姻亲结婚之限制，于姻亲关系消灭后，亦适用之。第一项直系血亲及直系姻亲结婚之限制，于因收养而成立之直系亲属间，在收养关系终止后，亦适用之。"

我国《民法典》关于禁止结婚的亲属关系沿袭了 1980 年修改后的《婚姻法》的规定，即禁止直系血亲和三代以内的旁系血亲结婚。直系血亲没有代际的限制，无论是多少代相互之间都不能结婚。旁系血亲则限制在三代以内的不准结婚。凡是出自同一祖父母、外祖父母的血亲，除直系血亲外，都是三代以内的旁系血亲。具体而言包括：（1）兄弟姐妹，既包括全血缘的兄弟姐妹，又包括半血缘的兄弟姐妹在内。也即同父异母或者同母异父的兄弟姐妹也不得结婚。（2）伯伯、叔叔、姑姑与侄儿、侄女，舅舅、姨与外甥、外甥女之间不能结婚。（3）堂兄弟姐妹、表兄弟姐妹之间不得结婚。超出这个范围则不属于三代以内的旁系血亲，其结婚并不为法律所禁止。我国《民法典》就因收养而形成的拟制血亲是否可以结婚没有明确之规定，唯通说认为，禁止拟制直系血亲通婚，符合伦理的要求。我国原《婚姻法》规定，养父母和养子女、继父或继母和受其扶养教育的继子女之间的权利和义务，适用原《婚姻法》对父母子女关系的规定。因此，原《婚姻法》对直系血亲缔结婚姻的禁止，也应适用于养父母子女和有扶养关系的继父母子女之间，无论这种拟制直系血亲关系是否解除，从伦理要求和法律精神上看，都应属于禁止结婚的范围。至于拟制旁系血亲间的通婚，只要没有血缘上的禁忌，在解除拟制关系后法律应准许。[1]

我国《民法典》亦未就姻亲之间的结婚设有禁止性规定。唯笔者认为，基于伦理上的考量应当禁止直系姻亲之间缔结婚姻。对此法律虽然没有明文规定，但是可以认为直系姻亲之间缔结婚姻违背公序良俗，亦应当认定为无效。我国《民法典》第 8 条规定："民事主体从事民事活动，不得违反法律，不得违背公序良俗。"第 153 条第 2 款更是规定："违背公序良俗的民事法律行为无效。"结婚行为属于民事法律行为，违反公序良俗即为无效。我国学者亦多主张，虽然我国法律没有明确规定，但是直系姻亲之间应当禁止结婚。而对于旁系姻亲相互之间则没有禁止的必要，应当予以允许。[2]

---

〔1〕 杨大文、龙翼飞主编：《婚姻家庭法》（第七版），中国人民大学出版社 2018 年版，第 83 页。
〔2〕 杨大文、龙翼飞主编：《婚姻家庭法》（第七版），中国人民大学出版社 2018 年版，第 83 页。

【对照适用】

《民法典》该条规定完全继受了原《婚姻法》第 7 条第 1 项的规定，没有任何改变。不过该条规定将原《婚姻法》第 7 条第 2 项所规定的“患有医学上认为不应当结婚的疾病”这种禁止结婚的情形予以删除。

第一千零四十九条　要求结婚的男女双方应当亲自到婚姻登记机关申请结婚登记。符合本法规定的，予以登记，发给结婚证。完成结婚登记，即确立婚姻关系。未办理结婚登记的，应当补办登记。

【要义精解】

本条是关于结婚登记的规定。

一、结婚登记的意义与价值

结婚行为是法定要式行为，须以登记的方式实施，登记是结婚的行使要件，是必须具备的，否则婚姻不能成立亦不能生效。法律将结婚行为规定为法定要式行为，必须进行登记才能成立婚姻主要是基于三个方面的考虑：首先，是促使当事人慎重考虑。婚姻是一个人一生中的大事之一，决定着一个人一生的幸福，因此男女双方都需要认真思考，在综合考虑各种因素之后再行作出决定，而不应当基于一时的冲动而为之，法律设计了登记制度即在于防止当事人过于轻率地作出该决定。其次，婚姻登记在于由婚姻登记机关审查双方当事人是否具备结婚的实质性要件，从而防止不具结婚要件或者具备结婚阻却要件的当事人结婚。再次，婚姻登记还发挥着公示的作用，也即通过婚姻登记簿将某人是否结婚、与谁结婚的事实予以公示，从而使社会公众能够通过查阅婚姻登记簿予以知晓。结婚之所以需要公示，是由于婚姻具有绝对效力，从而影响到他人利益。这首先是由一夫一妻制所决定的，已婚的人不能再与他人结婚，那么一个人所欲结婚的对象是否有配偶从而不能结婚，则需要通过查阅婚姻登记簿确定。在财产法方面，夫妻作为一个共同体，对于财产系共同共有，必须夫妻双方共同处分才能够发生效力（《民法典》第 301 条）；同样，对于负担的债务而言，超出家庭日常生活所需的界限之外须夫妻双方共同签字确认，否则即为个人债务，不能由夫妻共同财产清偿（《民法典》第 1064 条），因此，对于交易相对人而言必须知晓其是否结婚以及配偶为何人，才能保障交易安全。

二、结婚登记的程序

（一）婚姻登记机关

依据国务院颁布的《婚姻登记条例》第 2 条的规定，内地居民办理婚姻登记的机关是县级人民政府民政部门或者乡（镇）人民政府，省、自治区、直辖市人民政府可以按照便民原则确定农村居民办理婚姻登记的具体机关。中国公民同外国人，内地居民同香港特别行政区居民、澳门特别行政区居民、台湾地区居民、华侨办理婚姻登记的机关是省、自治区、直辖市人民政府民政部门或者省、自治区、直辖市人民政府民政部门确定的机关。依据《婚姻登记条例》第 19 条的规定，居住在国外的中华人民共和国公民结婚的，其登记机关为中华人民共和国驻该国的使（领）管。

（二）结婚登记申请

由于结婚是典型的身份行为，因此不适用代理制度，故必须由双方当事人亲自到婚姻登记机关申请结婚登记。依据国务院颁布的《婚姻登记条例》第 5 条的规定，双方当事人申请婚姻登记应当提供相应的证明材料。

1. 办理结婚登记的内地居民应当出具下列证件和证明材料：

（1）本人的户口簿、身份证；

（2）本人无配偶以及与对方当事人没有直系血亲和三代以内旁系血亲关系的签字声明。

2. 办理结婚登记的香港特区居民、澳门特区居民、台湾地区居民应当出具下列证件和证明材料：

（1）本人的有效通行证、身份证；

（2）经居住地公证机构公证的本人无配偶以及与对方当事人没有直系血亲和三代以内旁系血亲关系的声明。

3. 办理结婚登记的华侨应当出具下列证件和证明材料：

（1）本人的有效护照；

（2）居住国公证机构或者有权机关出具的、经中华人民共和国驻该国使（领）馆认证的本人无配偶以及与对方当事人没有直系血亲和三代以内旁系血亲关系的证明，或者中华人民共和国驻该国使（领）馆出具的本人无配偶以及与对方当事人没有直系血亲和三代以内旁系血亲关系的证明。

4. 办理结婚登记的外国人应当出具下列证件和证明材料：

（1）本人的有效护照或者其他有效的国际旅行证件；

（2）所在国公证机构或者有权机关出具的、经中华人民共和国驻该国使（领）馆认证或者该国驻华使（领）馆认证的本人无配偶的证明，或者所在国驻华使（领）馆出具的本人无配偶的证明。

（三）登记机关审查与登记

婚姻登记机关对于结婚登记申请的审查系实质审查。须对双方当事人的真实身份以及其他结婚行为的实质性要件进行审查，如是否具备相应的行为能力，是否达到法定婚龄，结婚是否是双方当事人的真实意思，双方是否均属于无配偶的状态等，如发现不具备结婚的实质要件，则不予以结婚登记并予以说明；对于符合结婚登记之实质要件的则应当进行当场登记，并颁发结婚证。婚姻关系自登记完成时得以成立，双方当事人之间即产生了配偶关系。

三、未进行登记的法律效果

（一）补办结婚登记

当事人双方具备了结婚的实质要件，但是没有履行结婚登记的，可以随时申请补办登记手续。依据《婚姻家庭编解释（一）》第6条的规定，补办登记具有溯及力，也即男女双方依据《民法典》第1049条规定补办结婚登记的，婚姻关系的效力从双方均符合《民法典》所规定的结婚的实质要件时起算。所谓符合结婚的实质要件，通常双方当事人达成结婚的合意后按照民间传统举办婚礼仪式的，则仪式完毕时即为具备实质要件；若未举办仪式的，则双方当事人达成结婚合意并开始共同生活的时间为具备实质要件的时间。

（二）事实婚姻问题

由于历史的原因，我国长期以来婚姻登记制度不够健全，并且人民传统观念较为严重，故过去存在大量的具备婚姻实质要件并且按照中国传统举行了婚礼，但是却没有进行婚姻登记的情形。最高人民法院本着实事求是的原则，在尊重法律和历史的基础上，作出了按照不同历史阶段予以不同处理的规则。《婚姻家庭编解释（一）》沿袭了2001年12月24日通过的《最高人民法院关于适用〈中华人民共和国婚姻法〉若干问题的解释（一）》（现已失效，以下简称《婚姻法解释（一）》）的做法，第7条规定，未依据《民法典》第1049条规定办理结婚登记而以夫妻名义共同生活的男女，提起诉讼要求离婚的，应当区别对待：（一）1994年2月1日民政部《婚姻登记管理条例》公布实施以前，男女双方已经符合结婚实质要件的，按事实婚姻处理。（二）1994年2月1日民政部《婚姻登记管理条例》公布实施以后，男女双方符合结婚实质要件的，人民法院应当告知其补办结婚登记。未补办结婚登记的，依据本解释第3条规定处理。依据《婚姻家庭编解释（一）》第3条的规定，未补办结婚登记的，双方当事人虽然具备结婚的实质要件，但是却以同居关系对待。在法律效果上，事实婚姻与经过登记的婚姻完全相同，无论是在身份关系方面抑或是财产关系方面都没有区别。由于双方未进行结婚登记，若双方当事人通过协议的方式离婚的，那么只要双方当事人离婚、财产分配等均达成书面协议，自然无须到婚姻登记机关办理离婚登记，婚姻关系即可自动解除。

【对照适用】

本条来源于原《婚姻法》第8条的规定，对其进行了两处修改与完善。首先是将原来《婚姻法》第8条的“必须亲自到婚姻登记机关进行结婚登记”修改为现在的“应当亲自到婚姻登记机关申请结婚登记”。该处修改仅仅是文字表达上更加规范，在规范内容上没有实质性修改，在法律适用上与原《婚姻法》的规定应当没有实质性的区别。其次是将原《婚姻法》第8条规定的“取得结婚证，即确立夫妻关系”修改为“完成结婚登记，即确立婚姻关系”。也就是说原《婚姻法》第8条规定的婚姻成立的时间是取得“结婚证”的时间，而《民法典》规定的是则是“完成登记”的时间，不但在时间上有所区别，而且在婚姻成立的依据上也有所区别，即不以结婚证为准而是以婚姻登记为准，特别是当婚姻登记簿的记载与结婚证记载的时间不一致的时候，则须以婚姻登记簿记载的时间为准。

第一千零五十条　登记结婚后，按照男女双方约定，女方可以成为男方家庭的成员，男方可以成为女方家庭的成员。

【要义精解】

这是关于结婚与家庭关系的规定。

婚姻是家庭的基础，新的家庭的成立源于婚姻。男女双方结婚后，可以离开各自原来的家庭，组建一个新的家庭，这在欧美国家基本上是通行的做法。当然，双方结婚后，也可以按照双方的约定成为对方原有家庭的一个成员。依据中国传统文化，男女结婚之后，女方成为男方的家庭成员。在特殊情形下，依据约定男方也可以成为女方的家庭成员，此时被称之为“入赘”，通常此种情形不被大众所接受。新中国成立后，确立了男女平等的原则，因此法律规定男女结婚后，双方可以约定女方成为男方的家庭成员，也可以约定男方成为女方的家庭成员。一方成为另一方的家庭成员之后，主要基于家庭关系会发生家庭共有财产关系，依据民法典物权编的规定，家庭共有系共同共有。因此，除非双方之间有分别财产制的约定，成为家庭一员的男女在婚后所取得的财产即成为家庭共同财产。对于农村集体组织成员，男女双方结婚后新组建一个家庭，有权向本集体组织申请宅基地，从而建筑自己的住宅。而在新的一轮土地承包时，新家庭作为一个农户有权利承包土地。若一方加入另一方的家庭，而成为其家庭成员，基于一户一个宅基地的原则，则该家庭不能重新取得宅基地。在土地承包期限内，也不能因为家庭成员的增加而增加承包的土地面积，但是在下一轮土地承包时，由于家庭成员的增加，其所承包的面积则相应地予以增加。同样，由于其子女结婚而已经成为另一方的家庭成员后，该方家庭成员减少，在承包期内也不能因此而收回其相应的承包土地，宅基地更是不因家庭成员的增加和减少而受有影响。

【对照适用】

该条规定完全继受了原《婚姻法》第9条的规定，没有进行任何修改。

第一千零五十一条　有下列情形之一的，婚姻无效：

（一）重婚；

（二）有禁止结婚的亲属关系；

（三）未到法定婚龄。

【要义精解】

本条规定了无效婚姻的法定情形。

一、规范目的

该条明确规定了违反法律关于结婚的禁止性规范的法律效果。我国自1950年《婚姻法》颁布时起就有禁止结婚的规范，但是无论是1950年的《婚姻法》还是1980年修改后的《婚姻法》都没有明确规定违反了禁止结婚之规范的法律后果，也即婚姻的效力是否受有影响？是可撤销婚姻还是无效婚姻？抑或是如同《德国民法典》所规定的仅仅是可以将来废止该婚姻，甚至是该婚姻系有效婚姻？这些问题在司法实践中引起了广泛的争议。有鉴于此，2001 年修改《婚姻法》时，明确规定了违反法律禁止结婚的情形，则婚姻无效。《民法典》则延续了2001 年修改后的《婚姻法》第10 条的规定，将违反了法律禁止结婚的情形的婚姻明确为“无效婚姻”。这样的做法，不但具有历史的延续性，理论上也符合原《婚姻法》入典的体系性要求，使得结婚行为成为民事法律行为的一种，从而与法律行为的理论保持高度一致，即违反禁止性规范的法律行为无效（《民法典》第 153 条第 1 款第 1 句）。

二、规范性质

本条规定系强制性规定当无疑问，故当事人不能通过约定排除其适用。学说上和实务上存在争议的是该规定是否是封闭性的、排他性的规定。也就是说是否无效婚姻仅限于该条规定的三种情形，除此之外，民法典总则编关于法律无效的其他事由是否也得适用于结婚行为，从而导致婚姻的无效。特别是《民法典》第 146 条关于通谋虚伪表示是否导致婚姻无效，学说上颇具争议，既有以《民法典》该条（也即原《婚姻法》第 10 条）之规定为封闭性规定，排除民法典总则编之适用从而不能作为无效婚姻的观点，也有认为该规定仅仅系婚姻无效的特别事由，并不排除其他导致法律行为无效之事由对于婚姻行为的适用，从而通谋虚伪婚姻为无效婚姻的观点。[1] 亦有学者主张，通谋虚伪表示而缔结的婚姻，不应当适用《民法典》第 146 条之规定，而是应当适用错误、欺诈等其他意思表示有瑕疵的法律行为的规范，即应当作为可撤销的法律行为。如金眉教授指出：“如果法律将通谋的虚伪结婚在原则上规定为可撤销，那么在撤销之前，法律应当视其处于有效状态，从而在其他法域也产生有效的效果。但若通谋的虚伪结婚被撤销，那么它在其他法域所产生的效果是否也应当被撤销呢？这要看法律效果的产生是否以有效婚姻为前提。若在其他法域所产生的效果是以有效婚姻为必要前提，那么通谋的虚伪结婚被撤销后，因结婚而在其他法域所产生的法律效果就应当随之撤销；反之，则不然。这不仅是为

---

〔1〕 不同观点的整理参见韩富鹏：《论通谋虚伪结婚的法律效力》，载《西部法律评论》2020 年第 5 期。

了保持诸法域之间在逻辑上的一致，更是为了避免当事人将婚姻作为单纯的工具所用。一个周知的道理是，如果法律的后果是可以预知的，那么当事人必然是谨慎的。正是从此意义讲，法律必须保持其内在的统一。”〔1〕冉克平教授亦主张：“由于缔结婚姻时的心中保留、通谋虚伪表示、错误、欺诈、胁迫等通常仅与当事人之间私人利益相关，而与社会公共利益无涉。为贯彻意思自治原则及体现法律婚姻家庭的保护，有瑕疵意思表示通常并不完全否定婚姻的效力，而是使婚姻的效力取决于当事人，即产生有效或可撤销的法律效果。”〔2〕最高人民法院则采纳了封闭说，即认为婚姻无效的情形仅限于《民法典》第1051条所规定的三种情形。《婚姻家庭编解释（一）》第17条规定：“当事人以民法典第一千零五十一条规定的三种无效婚姻以外的情形请求确认婚姻无效的，人民法院应当判决驳回当事人的诉讼请求。当事人以结婚登记程序存在瑕疵为由提起民事诉讼，主张撤销结婚登记的，告知其可以依法申请行政复议或者提起行政诉讼。”

三、婚姻无效的确认

尽管自2001年修改《婚姻法》时就将结婚行为纳入法律行为的范畴，从而确立了无效婚姻制度，然而婚姻无效与合同等其他法律行为无效还是有重大区别的，合同等其他法律行为无效的无须法院予以确认，而无效婚姻只有经法院依诉讼程序予以确认才能产生无效的法律效果。对此，《婚姻家庭编解释（一）》第20条规定：“民法典第一千零五十四条所规定的‘自始没有法律约束力’，是指无效婚姻或者可撤销婚姻在依法被确认无效或者被撤销时，才确定该婚姻自始不受法律保护。”由此可见，若未经人民法院依诉讼程序进行确认，则并不如同其他法律行为无论是否经法院确认，只要具备无效的事由则当然无效。法律之所以规定婚姻必须由法院依诉讼程序确认为无效才发生无效的后果，是基于其所牵涉的利益远远超过了合同等其他法律行为所牵涉的利益，事关重大，故须经法院确认是否真的具备法律所规定的无效之事由，从而体现了法律对待婚姻大事之慎重态度，也防止法律过度干预婚姻自由。具体

〔1〕金眉：《论通谋虚伪结婚的法律效力》，载《政法论坛》2015年第3期。
〔2〕冉克平：《论婚姻缔结中的意思表示瑕疵及其效力》，载《武汉大学学报（哲学社会科学版）》2016年第5期。

而言，由于一方面婚姻无效所牵涉之利益不但涉及双方当事人的利益，还会涉及双方所生的子女的利益，涉及双方家庭其他成员之间的利益，而且还涉及债权人等第三人的利益，甚至还涉及公共利益，因此不能完全像合同等其他仅仅涉及双方当事人利益的情形一样轻易否定其效力。另一方面，仅就当事人自身而言，婚姻所牵涉之利益状态绝非合同等普通法律行为所能比拟的，其不但牵涉到双方多年来的财产关系，而且还涉及双方的身份关系、情感问题，以及双方未来人格的发展问题等，故此不能轻易地予以否定。

四、确认婚姻无效的程序

（一）当事人

1. 申请人

并非所有的人都可以申请确认婚姻无效，只有双方当事人与具有利害关系的第三人才能够申请确认婚姻无效。鉴于婚姻无效所涉利益复杂且对当事人利益影响巨大，因此对于具有利害关系第三人的范围，最高人民法院进行严格的限制，《婚姻家庭编解释（一）》第9条规定："有权依据民法典第一千零五十一条规定向人民法院就已办理结婚登记的婚姻请求确认婚姻无效的主体，包括婚姻当事人及利害关系人。其中，利害关系人包括：（一）以重婚为由的，为当事人的近亲属及基层组织；（二）以未到法定婚龄为由的，为未到法定婚龄者的近亲属；（三）以有禁止结婚的亲属关系为由的，为当事人的近亲属。"

2. 被告

如果配偶一方向人民法院申请确认婚姻无效的，那么另一方自然为被告人；而若由利害关系人提起诉讼的则应当以配偶双方为共同被告，若一方已经死亡的则以未死亡的一方为被告进行申请。此外，《婚姻家庭编解释（一）》第14条规定，夫妻一方死亡的，生存一方仍然可以向人民法院申请确认婚姻关系无效，而双方均死亡的利害关系人也可以向人民法院申请确认其婚姻无效。若婚姻无效系因一方重婚所致，那么申请确认婚姻无效的诉讼中，涉及财产处理的，其中一方的合法婚姻当事人有权作为有独立请求权的第三人参加诉讼。

（二）特别程序问题

1. 离婚诉讼与婚姻无效确认之诉的关系

离婚是以有效的婚姻为前提的，如婚姻无效则不能离婚，故在离婚诉讼中，若法院发现当事人之间存在无效婚姻的情形，则得以依职权确认双方的婚姻无效，不再进行离婚诉讼程序。对此《婚姻家庭编解释（一）》第 12 条规定：“人民法院受理离婚案件后，经审理确属无效婚姻的，应当将婚姻无效的情形告知当事人，并依法作出确认婚姻无效的判决。”依据该司法解释第 13 条之规定，人民法院就同一婚姻关系分别受理了离婚和请求确认婚姻无效案件的，对于离婚案件的审理，应当待请求确认婚姻无效案件作出判决后进行。因此，若婚姻未被确认为无效婚姻，则原离婚诉讼程序予以恢复，而若双方的婚姻被确认为无效，则离婚程序予以终止，不再进行。

2. 确认婚姻无效的诉讼不适用调解程序与撤诉

由于无效婚姻系违反了强制性效力性规定，不允许当事人通过协议予以排除适用，故在诉讼中不就婚姻是否无效进行调解，若具备无效事由则只能由法院确定为无效婚姻，并基于此作出相应的判决。当然，在婚姻被确认为无效之后，就财产的分配问题、子女的抚养问题、有过错方的损害赔偿问题等则可以适用调解程序，此时人民法院须在确认无效的判决书之外另行制作相应的调解书。此外，依据《婚姻家庭编解释（一）》第 11 条第 1 款的规定，原告提起诉讼申请人民法院确认婚姻无效的，亦不允许撤诉。

五、无效婚姻的转化

若在结婚时具有禁止结婚的情势，但是事后该情势消灭的，婚姻是否能够因此转换为有效的婚姻在理论上存在一定的争议。我国司法实践中则采纳了自动转化的观点，对此《婚姻家庭编解释（一）》第 10 条规定：“当事人依据民法典第一千零五十一条规定向人民法院请求确认婚姻无效，法定的无效婚姻情形在提起诉讼时已经消失的，人民法院不予支持。”

【对照适用】

该条规定来源于原《婚姻法》第 10 条的规定，但是将原来第 10 条第 3项“婚前患有医学上认为不应当结婚的疾病，婚后尚未治愈的”予以删除。

第一千零五十二条　因胁迫结婚的，受胁迫的一方可以向人民法院请求撤销婚姻。

请求撤销婚姻的，应当自胁迫行为终止之日起一年内提出。

被非法限制人身自由的当事人请求撤销婚姻的，应当自恢复人身自由之日起一年内提出。

【要义精解】

该条规定的是受胁迫婚姻的法律效果。

一、规范目的

基于婚姻自由原则，婚姻的缔结必须是出自双方当事人的真实意思，才能够合法有效。《民法典》第 143 条规定，具备下列条件的民事法律行为有效：(1) 行为人具有相应的民事行为能力；(2) 意思表示真实；(3) 不违反法律、行政法规的强制性规定，不违背公序良俗。由此可见，意思表示真实也是作为包括结婚在内的一切法律行为的生效要件。结婚作为法律行为之一种，亦须具备上述法律行为生效的全部要件。意思表示是一切法律行为的核心要素，欠缺意思表示或者各方当事人未形成合意，则法律行为不成立，更谈不上无效；而若有意思表示但是意思表示有瑕疵的则亦影响法律行为的效力。不同的立法例对于意思表示有瑕疵的法律行为效力的规定有所不同，有的国家规定意思表示瑕疵导致法律行为无效（如《法国民法典》)，有的则规定意思表示瑕疵仅导致法律行为的撤销（如《德国民法典》)。我国《民法典》采取了德国模式，将意思表示瑕疵作为法律行为可撤销的原因：《民法典》第 147 条规定，基于重大误解实施的民事法律行为可撤销；第 148 条与第 149 条规定，受欺诈而实施的法律行为可撤销；第 150 条规定，受胁迫而实施的法律行为可撤销；第 151 条规定，一方利用对方危困状态或者缺乏判断能力等情形实施的显失公平的行为可撤销。基于结婚行为的特殊性，我国民法典婚姻家庭编对于意思表示有瑕疵的结婚行为的效力进行了封闭性的或者说是排他性的规定，仅将意思表示瑕疵最为严重，也即因胁迫而缔结婚姻规定为可撤销的婚姻，其他意思表示瑕疵并不影响结婚行为的效力。换言之，民法典婚姻家庭编之所以于总则的法律行为之外再行规定无效婚姻和可撤销婚姻，其目的在于基于结婚行为之特殊性，将其无效与可撤销的事由进行封闭性规定，排除民法典总则编法律行为之一般规定。我国1950年制定的《婚姻法》只有无效婚姻的规定，而没有规定可撤销婚姻，2001年修正的《婚姻法》首次确立了可撤销婚姻，规定基于胁迫而缔结的婚姻，受胁迫方可以请求撤销该婚姻。

二、构成要件

本条所规定的胁迫的构成要件与民法典总则编第150条所规定的胁迫的构成要件应当是一致的，具体而言分为如下几个方面：首先，须有胁迫行为的存在。所谓胁迫行为，通常是指预告某种不正当的危害，既可以是对其人身安全方面的危害，也可以是对其名誉上的危害，还可能是对其财产、工作、学业前途等方面的危害。危害可以发生在自己身上，也可以发生在其近亲属的身上。对此《婚姻家庭编解释（一）》第18条第1款规定："行为人以给另一方当事人或者其近亲属的生命、身体、健康、名誉、财产等方面造成损害为要挟，迫使另一方当事人违背真实意愿结婚的，可以认定为民法典第一千零五十二条所称的'胁迫'。"胁迫行为既可以由婚姻的一方予以实施，也可以是第三人所实施，特别是被胁迫方的父母等亲属实施胁迫，在现实生活中也是广泛存在的。其次，被胁迫方必须因胁迫而陷入恐惧的境地。再次，被胁迫方必须因该胁迫而与对方结婚。换言之，若非存在该胁迫那么就不会与对方结婚。如若被胁迫人本有与对方结婚之意，但是对方或者他人误以为其没有结婚的意愿而实施胁迫行为，此时被胁迫人正好予以同意，则并不构成胁迫，从而不属于可撤销婚姻。

三、法律效果

受胁迫的婚姻是可撤销的婚姻，其从双方当事人结婚登记时已经发生法律效力，若事后被胁迫方不行使撤销权，则该婚姻将与有效婚姻完全相同。享有撤销权的是被胁迫的一方当事人，对方当事人或者第三人均不具有撤销权。撤销权只能以诉讼的方式行使，不得以诉讼外的意思表示方式为之，否则不发生撤销的法律效力。撤销权行使的期间是一年，应当自胁迫行为终止之日起一年内提出。被非法限制人身自由的当事人请求撤销婚姻的，应当自恢复人身自由之日起一年内提出。尽管《民法典》该条没有明确规定超过期间的撤销权消灭，但是规定了必须在该期间内提出才能产生撤销的后果，因此其解释上应当与民法典总则编第152条所规定的一般法律行为撤销权行使期间相同，即超过除斥期间的该撤销权归于消灭，婚姻即成为确定有效的婚姻，被胁迫人不得再行撤销该婚姻，若其不愿意与对方维持婚姻关系，则只能通过离婚的方式予以解决。《民法典》第 152 条关于一般法律行为撤销权的期间，除第 1 款规定了主观起算的短期期间外，还于第 2 款规定了客观起算的长期期间，也即“当事人自民事法律行为发生之日起五年内没有行使撤销权的，撤销权消灭”。《民法典》该条关于胁迫婚姻与第 1053 条基于隐瞒重大疾病而产生的可撤销婚姻并没有相同的规定，解释上应当认为这两条规定属于排他性的规定，不能再适用《民法典》第 152 条第 2 款的规定，也就是说被胁迫的婚姻无论成立多长时间，从胁迫终止时、对于被限制人身自由的则从恢复人身自由之日起一年内均可向法院提起诉讼撤销该婚姻。对此，《婚姻家庭编解释（一）》第 19 条第 2 款规定：“受胁迫或者被非法限制人身自由的当事人请求撤销婚姻的，不适用民法典第一百五十二条第二款的规定。”同样，该一年的期间属于除斥期间，因此不适用诉讼时效的中止、中断。故若在一年内向法院提起诉讼要求撤销该婚姻，但是又撤回诉讼，一年之后再次提起诉讼请求撤销婚姻的，则因为已经过了除斥期间，撤销权已经消灭，人民法院则须判决驳回其诉讼请求。在人民法院以判决的方式撤销其婚姻之后，则该婚姻关系溯及自始失去效力，其具体效果则适用《民法典》第 1054 条的规定。

【对照适用】

该条规定来源于原《婚姻法》第 11 条的规定，但是有两方面的修改与完善：首先，对当事人申请撤销婚姻的机关进行了修改，原《婚姻法》规定是可以向“婚姻登记机关或人民法院请求撤销”，《民法典》则将其限制在人民法院；其次，原《婚姻法》所规定的撤销权除斥期间的起算时间点是自结婚登记之日起，而《民法典》则规定自胁迫终止之日起算。

第一千零五十三条　一方患有重大疾病的，应当在结婚登记前如实告知另一方；不如实告知的，另一方可以向人民法院请求撤销婚姻。

请求撤销婚姻的，应当自知道或者应当知道撤销事由之日起一年内提出。

【要义精解】

该条规定的是因故意隐瞒重大疾病而结婚的法律后果。

一、规范目的与立法演进

该条规定是新增加的规定，2001 年的《婚姻法》第 7 条第 2 项将“患有医学上认为不应当结婚的疾病”作为禁止结婚的事由，基于此，2001 年《婚姻法》第 10 条第 3 项将“婚前患有医学上认为不应当结婚的疾病，婚后尚未治愈的”作为无效婚的事由。1950 年《婚姻法》第 5 条第 2 项、第 3 项分别将“有生理缺陷不能发生性行为者”和“患有花柳病或精神失常未经治愈，患麻风或其他在医学上认为不应结婚之疾病者”作为禁止结婚的事由，但是该法并没有规定违反禁止结婚规定而缔结婚姻的具体法律效果。1980 年修改后的《婚姻法》第 6 条取消了“有生理缺陷不能发生性行为者”作为禁止结婚的事由的规定，并将原第 3 项修改为“患麻风病未经治愈或患其他在医学上认为不应当结婚的疾病”。2001 年修改的《婚姻法》则不再具体列举患有何种疾病禁止结婚，而是仅保留了原来的概括性规定“患有医学上认为不应当结婚的疾病”的禁止结婚，并明确了违反该禁止性规定缔结的婚姻为无效婚姻这样的法律后果。《民法典》则彻底将该规定予以删除，而仅规定了患有重大疾病的一方有如实告知的义务，违反告知义务构成欺诈，从而对方有权利撤销该婚姻。我国学者夏吟兰教授指出，民法典婚姻家庭编直接从结婚的禁止要件中取消了患病禁止结婚的规定，改为结婚前未如实告知患有重大疾病的，另一方可以请求撤销婚姻，其立法一是为了更好地尊重和保护当事人的婚姻自主权，保障当事人的知情同意权；二是引导公民在结婚之前积极进行婚前体检，行使自己的知情权。婚姻自由是原《婚姻法》最重要的基本原则。结婚自由就是在符合结婚法定条件的前提下，当事人对于缔结婚姻关系的意思表示必须真实自愿、完全一致。在另一方知情的情况下，是否患病、患有何种疾病，并不必然影响当事人的结婚意愿。但问题在于，患病的一方是否明确告知另一方，另一方是否真正知情，是否在知情的前提下依然自愿与之结婚。因此，一方的告知义务与另一方的知情同意权均是非常重要的。患有重大疾病的一方，负有在结婚登记前主动告知对方的义务，如果明知自己患有重大疾病而不如实告知，使对方在违背真实意愿的情况下与之结婚的，属于民法典总则编规定的欺诈行为，另一方享有请求撤销该婚姻的权利。[1]

二、构成要件

（一）一方婚前患有重大疾病

婚姻的一方须患有重大疾病，并且系婚前即患有该重大疾病。若系结婚后患有重大疾病的，则不适用该规定，其配偶不得以该规定请求撤销婚姻。至于所患有何种疾病属于本条所规定的重大疾病，则须通过法律解释加以确定。在《民法典》编纂的过程中，有意见认为，应当明确规定隐瞒了哪些重大疾病才作为撤销婚姻的事由，但是最终没有被《民法典》所采纳。其主要考虑是，技术在进步，医疗水平在提高。在不同的历史时期，认定的重大疾病完全可能是不同的。重大疾病是什么病，或者某种疾病是不是重大疾病，需要司法机关和有关部门、单位在司法实践中进行认定。[2] 笔者认为，本条所指的重大疾病的范围应较 2001 年《婚姻法》所规定的“医学上认为不应当结婚的疾病”的范围要广。原来禁止结婚的疾病固然属于本条所规定的重大疾病，除此之外，还应当包括其他严重影响对方是否决定结婚的重大疾病，如癌症、艾滋病等。如此解释的法理基础乃在于该条系基于法律行为的“欺诈”原理，其原因不在于公共利益的保护，而在于保护对方的真实意思。因此，若该疾病属于对方若知其情势即不愿意与其缔结婚姻的，则均应当构成重大疾病，而不应仅仅局限于法律规定的几种情形。

（二）须患疾病的一方没有履行如实告知义务且对方并不知情

如前所述，本条规定的法理基础在于欺诈，故须患疾病的一方没有告知对方自己患有疾病，从而对方在不知情的基础上与其缔结了婚姻，属于意思表示不真实的一种。若患有疾病的一方明确告知对方自己患有某种疾病，而对方仍然愿意与其结婚，则此时并不构成欺诈，对方结婚后并不享有撤销婚姻的权利。另外，虽然本条没有明确规定，但是应当与民法典总则编第 148 条作相同的解释，即须对方当事人对此并不知情。盖若其已经知情，并且仍然愿意结婚，无论患有疾病的一方是否再行履行告知的义务，均不影响其意思表示的真实性，换言之，此种情形下其意思表示是真实的，没有任何瑕疵，亦不得再行行使撤销权。

---

〔1〕 夏吟兰：《婚姻家庭编的创新和发展》，载《中国法学》2020 年第 4 期。

〔2〕 黄薇主编：《中华人民共和国民法典婚姻家庭编释义》，法律出版社 2020 年版，第 28 页。

（三）须双方已经结婚

当事人行使撤销权的前提条件是双方已经缔结婚姻，特别是需要完成了结婚登记行为，此时婚姻已经发生效力。若双方尚未进行登记，那么只需要不去结婚登记即不发生婚姻的效果，即便此时双方当事人已经具备了婚姻的全部实质要件，甚至已经开始了共同生活，亦无须撤销也不能撤销。

三、法律效果

该婚姻系属于可撤销的婚姻，享有撤销权的是夫妻中被欺诈的一方，隐瞒疾病的一方没有撤销权，其他第三人也没有撤销权。其他法律效果与第1052条所规定的因胁迫而缔结的婚姻相同，因此不再赘述。唯一不同的是撤销权行使期间的起算点不同，该条规定的撤销权行使期间的起算点是自撤销权人知道或者应当知道撤销事由之日起计算，也即知道或者应当知道对方患有重大疾病之日起计算。过了一年之后，其撤销权即归于消灭，该婚姻即为确定有效的婚姻，不得再进行撤销。当事人若想解除婚姻，则须通过离婚的方式进行。

【对照适用】

该条规定虽然来源于原《婚姻法》第7条第2项，但是却对该规定进行了重大修改，主要表现在两个方面：其一，将作为禁止结婚的事由修改为可撤销婚姻的事由；其二，将“医学上认为不应当结婚的疾病”修改为“重大疾病”，从而扩大了适用范围。

第一千零五十四条　无效的或者被撤销的婚姻自始没有法律约束力，当事人不具有夫妻的权利和义务。同居期间所得的财产，由当事人协议处理；协议不成的，由人民法院根据照顾无过错方的原则判决。对重婚导致的无效婚姻的财产处理，不得侵害合法婚姻当事人的财产权益。当事人所生的子女，适用本法关于父母子女的规定。

婚姻无效或者被撤销的，无过错方有权请求损害赔偿。

【要义精解】

该条规定的是婚姻无效或者被撤销后的法律效果。

一、规范目的与立法例

关于由于欠缺结婚之积极要件或者存在结婚的消极要件（禁止结婚的

情形）而缔结的婚姻的效果，主要有无溯及力和有溯及力两种不同的立法例。

（一）无溯及力的立法例

此种立法例的典型代表是德国。依据《德国民法典》第 1313—1318 条的规定，所有存在瑕疵的结婚只有一种法律效果，即该种婚姻得以被废止。婚姻被废止的法律效果，依据《德国民法典》第 1318 条第 1 款的规定，原则上适用有关离婚的规定。由此可见，婚姻被废止如同离婚一样，仅于将来消灭双方之间的婚姻关系，而对于废止之前的婚姻关系没有溯及力。也正是由于《德国民法典》不赋予婚姻废止后以溯及力，《德国民法典》才没有如同其民法总则中就有瑕疵的法律行为区分为绝对无效、可撤销和效力待定三种，而是一律规定为废止，并排除民法典总则编相关法律规范的适用。对于废除婚姻无效制度并以可废止婚姻制度统一缔结婚姻的效力瑕疵的做法，1998 年《婚姻缔结法的新规定》给出了两点立法理由：其一，支持区分婚姻无效和婚姻可废止两种形态的理论是没有说服力且容易遭到攻击的，这种理论认为导致婚姻无效的事由是基于对于公共利益的考量，而婚姻可废止的事由则首要考量双方当事人的利益。其二，即使法律一般性地规定了无效婚姻的效力溯及既往地不发生，但却充斥着大量的例外规则，比如财产法效果上适用离婚法的规定而不适用不当得利法的规定；在父母子女关系问题上，无效婚姻关系中出生的子女也仍然被视为婚生子女。大量例外规则都意味着无效婚姻制度的法律效果只是向未来发生作用，这实际上掏空了无效制度的核心原则——法律行为无效意味着溯及既往地无效。[1]

（二）具有溯及力的立法例

与德国法不同，以法国法为代表的欧洲共同法的做法是原则上承认效力有瑕疵之婚姻具有溯及力。《法国民法典》将效力有瑕疵的结婚行为区分为绝对无效与相对无效（可撤销婚）两种。对于仅仅损害当事人一方之个人利益的事由系导致婚姻的相对无效，仅该方当事人得废止婚姻；对于损害公共利益的，或者损害双方当事人之利益的事由则导致婚姻的绝对无

[1] 李昊、王文娜：《婚姻缔结行为的效力瑕疵——兼评民法典婚姻家庭编草案的相关规定》，载《法学研究》2019 年第 4 期。

效。[1]无论是绝对无效的婚姻还是相对无效的婚姻，在婚姻被废止之后原则上均具有溯及力，婚姻相当于自始不存在。但是该原则也有两项例外：首先是对于子女而言，婚姻被废止的不具有溯及力。不过法国1972年之前的法律对于无效婚姻的子女地位也具有溯及力，依据1972年之前的《法国民法典》，若父母双方对于婚姻无效均是恶意的，那么于无效婚姻期间所生的子女则为非婚生子女；若其中一方为善意的，则所生的子女为婚生子女。1972年1月法国修改了该规定，正式终止了婚姻废止对于子女地位的溯及力，其目的在于保护无辜之子女的合法利益。[2]

二、我国《民法典》的理解与适用

我国《民法典》第1054条对婚姻无效和撤销后的法律后果的规定与总则编关于法律行为无效和撤销后的法律效果的规定完全相同，也即均规定其具有溯及力，自始不发生法律效力。既然结婚行为溯及自始无效，那么男女双方之间自始即不存在合法的婚姻关系，即使期间已经共同生活，甚至已经育有子女的，也不能因此而发生婚姻的效力。男女双方共同生活的，则只能作为同居关系予以对待，而我国法律又没有针对同居关系专门进行立法上的规范，故此相互之间并不存在任何法律关系。我国法律之所以这样规定，其目的在于对违反结婚实在要件而骗取结婚登记的行为予以相应的惩罚，认为如果无效不具备溯及力，则等于承认了于此期间婚姻的效力，起不到对当事人的惩罚作用，从而不能遏制和防止无效婚姻的发生。具体而言，则表现在人身关系、财产关系和损害赔偿三个方面。

（一）人身关系

无论是被法院确认为无效，还是由享有撤销权的一方行使撤销权从而由法院予以撤销的婚姻，男女双方之间自始不存在婚姻关系，配偶权的身份被视为从来没有发生过。无论是在当事人之间，还是在针对第三人的关系上都不例外。

由于男女双方之间并不存在配偶关系，因此相互之间并不存在扶养与被扶养的关系；当事人相互之间亦不负有贞操保持的义务；一方丧失了行为能力，而另一方亦并非是其法定监护人；一方当事人死亡的另一方并非其法定继承人，从而不能继承遗产；一方当事人因第三人侵权死亡，而另

[1] Jean Carbonnier. Droit civil. Volume 1. Presses universitaire de France. Paris. 2004. p. 1395.

[2] Jean Carbonnier. Droit civil. Volume 1. Presses universitaire de France. Paris. 2004. p. 1397—1398.

一方亦不得作为近亲属请求死亡赔偿金、扶养费等损害赔偿。由于双方之间自始不存在婚姻关系，那么各自与对方的父母等亦不成立姻亲关系，基于姻亲所产生的法律效果亦自始不发生。就双方所生的子女而言，由于我国法律并不区分婚生子女与非婚生子女而异其法律地位，故婚姻无效对其并不发生任何不利影响，其仍然作为父母双方的子女与父母双方发生与婚生子女完全相同的亲权关系。也正是基于无效婚姻不影响子女的法律地位这一法律立场，我国法律才规定了婚姻无效和可撤销的溯及力，否则在婚生子女与非婚生子女法律地位不同的立法例中则不能规定无效婚姻与可撤销婚姻的溯及力，盖于此情形将会损害无辜的子女的利益。另一个例外则是若一方当事人是善意的，即其并不知晓所缔结的婚姻是无效的，那么取消婚姻对其不具有溯及力，仅仅发生与离婚相同的法律效果。[1]

（二）财产关系

就同居期间双方所取得的财产的归属问题，基于意思自治原则应当允许双方当事人通过协议的方式予以解决。对于无法达成协议的，本条规定由人民法院根据照顾无过错方的原则判决。按照《婚姻家庭编解释（一）》第 22 条的规定："被确认无效或者被撤销的婚姻，当事人同居期间所得的财产，除有证据证明为当事人一方所有的以外，按共同共有处理。"据此规定，在当事人没有证据证明某财产为其个人财产的时候，双方在同居期间所取得的财产与婚姻有效时是一样的，是作为共同财产予以对待的，在婚姻被认定无效或者被撤销时，人民法院原则上应当如同离婚时分割共有财产一样，予以平等分配，唯其应当适当向无过错方予以倾斜，在因胁迫或者隐瞒重大疾病而被撤销时更是如此。由此可见，在财产关系上我国《民法典》以及最高人民法院的态度是将其与婚姻有效时的财产作相同的处理，其目的在于缓和无效婚姻与可撤销婚姻所具有的"溯及力"，从而防止非正义现象的出现。因此我们可以说，尽管我国《民法典》在婚姻无效和婚姻被撤销的实际效果方面以具有溯及力为其原则，但是却又采取了较为缓和的态度，或者说采取了某种折中的做法。

若婚姻无效是因一方重婚所致，人民法院对于双方同居期间所取得之财产的处理不得损害在前合法婚姻当事人的财产。例如，甲男与乙女为合法夫妻，甲男后又与丙女结婚，甲与丙的婚姻因甲重婚而无效。那么法院在处理

---

〔1〕 Jean Carbonnier. Droit civil. Volume 1. Presses universitaire de France. Paris. 2004. p. 1400.

甲男与丙女同居期间的财产分配问题时不得侵害乙女的合法财产。

（三）损害赔偿

因婚姻无效或者被撤销而受有损害的一方得以请求有过错的对方承担损害赔偿责任。这一规定与民法典总则编第 157 条关于法律行为无效之法律后果相同，即有过错方应当赔偿对方的损失。依据该条规定，请求损害赔偿的要件有：（1）须婚姻被确认无效或者被依法撤销。（2）须对方有过错。这一点对于可撤销婚姻而言非常明确。一方胁迫对方予以结婚，或者第三人胁迫一方结婚而对方知情的，该实施胁迫的一方或者虽然知道对方被胁迫仍然与之结婚的一方为过错方；有重大疾病而没有告知对方导致婚姻被撤销的，则有重大疾病的一方为有过错方。对于无效婚姻，其情形比较复杂，须针对个案予以判断。对于因一方重婚而无效的，那么若对方不知情，则仅该重婚一方为有过错方，应当赔偿对方的损失；而若对方也明知其重婚，则应当认为双方均有过错，互相之间不发生赔偿责任。对于双方之间具有法律禁止结婚的亲属关系的，通常情形下双方当事人对此都知情，故均为过错方，相互之间并不发生损害赔偿请求权。但是也存在双方均不知道其间存在禁止结婚的亲属关系，故均为无过错方，互相之间也不发生损害赔偿请求权的情形。例外的情形是只有一方知道双方存在法律禁止结婚的亲属关系，此时知情方为过错方，而对方为非过错方，非知情的一方得以请求知情方赔偿损失。（3）须非过错方因此而受有损失。这里的损失既包括财产损失，也应当包括精神损失，盖此种情形下属于对人身权利的侵害，故亦可以请求精神损害赔偿。（4）该损失须与婚姻无效或者被撤销之间存在因果关系。

【对照适用】

该条规定来源于原《婚姻法》第 12 条，仅作了文字和标点符号上的完善，即将原来的“无效或被撤销的婚姻，自始无效”修改为本条的“无效的或者被撤销的婚姻自始没有法律约束力”。在解释适用上应当没有任何变化。

第三章　家庭关系

第一节　夫妻关系

第一千零五十五条　夫妻在婚姻家庭中地位平等。

【要义精解】

本条是关于夫妻在婚姻和家庭关系中法律地位平等的原则性规定。

夫妻关系是家庭关系的核心，夫妻法律地位平等是男女平等原则在夫妻关系领域的具体化，是《民法典》对夫妻之间人身关系和财产关系进行规范的前提和基础。夫妻关系是一种特殊的人际关系，是人类社会发展到一定历史阶段的产物。它是与个体婚制紧密相连的，是人类社会步入“文明”时代以后普遍存在于社会之中的男女两性关系的特定形式。[1] 夫妻在婚姻家庭中的地位与男女两性的社会地位相一致，在中外历史上长期存在着男尊女卑的观念和对女性的歧视，近现代社会随着妇女解放运动的发展和社会文明程度的提高，女性的社会地位不断提升，妇女权益保障的立法日益完善，男女平等原则正朝着实质平等的目标迈进。

对于本条规定，可以从以下几个方面理解。

第一，确立夫妻在婚姻家庭中具有平等的法律地位，是社会进步和法治昌明的重要标志。从法律史的角度看，夫妻法律关系经历了从“夫妻一体主义”到“夫妻别体主义”的演变。“夫妻一体主义”意为结婚之后夫妻合为一体，人格互相吸收。从表面看，夫妻的地位是平等的，实际上，只是妻的人格被夫所吸收，妻处于夫权的支配之下。故“夫妻一体主义”不过是夫权主义的别名。[2] 近现代婚姻家庭立法一般实行“夫妻别体主

---

〔1〕 杨大文主编：《亲属法与继承法》，法律出版社 2013 年版，第 95 页。

〔2〕 马忆南：《婚姻家庭继承法学》，北京大学出版社 2014 年版，第 77 页。

义”，夫妻在婚姻关系和家庭生活中地位平等、人格独立，夫妻之间不存在任何人身依附关系，男女两性在婚姻家庭关系中享有同等的权利、负担同等的义务。当然，近现代法律对于男女平等原则的贯彻也是一个渐次演进的过程，如1804年的《法国民法典》和1900年的《德国民法典》都曾对妻子在财产处分等方面的行为能力作出重大限制，后来才作出修正。20世纪中叶以来，男女平等原则在各个领域的展开逐渐深入，形式平等转向实质平等，保障妇女权益的社会立法逐渐增多，但在社会参与、公平竞争、平等对待等诸多方面仍然需要全社会的共同努力。

第二，夫妻在婚姻家庭中具有平等的法律地位，是确定夫妻之间权利义务关系的前提和基础。我国《宪法》第48条第1款规定，妇女在政治的、经济的、文化的、社会的和家庭的生活等各方面享有同男子平等的权利。因此，男女平等原则是一项宪法规定的基本原则，在任何法律领域都应予以贯彻。我国民法典总则编第4条明确规定了平等原则，婚姻家庭编第1041条在规定男女平等原则的基础上，进一步规定保护妇女的合法权益，体现了追求男女两性实质平等的价值取向。综观整个婚姻家庭编乃至继承编的法律规范，对于夫妻之间的平等地位进行了彻底贯彻，尤其是对妻子权利的保护更为周到。如在结婚、离婚、姓名、人身自由、居住、扶养、财产归属、家事管理、继承、生育甚至子女姓氏选择等各个领域，我国《民法典》无不体现了夫妻双方实质意义上的平等，体现了我们新时代中国特色社会主义《民法典》的先进性。

第三，夫妻在婚姻家庭中具有平等的法律地位，也是处理夫妻间法律纠纷的指导原则。夫妻婚姻关系的和谐稳定是家庭关系和睦的基础，但在社会现实生活中，违背伦理道德、发生利益纠葛的情形时有发生，而这种夫妻之间的矛盾纠纷较之一般民事纠纷更具特殊性和复杂性，造成法律供给不足和法律适用的困难。当处理夫妻在婚姻和家庭生活中发生的纠纷时，应以夫妻法律地位平等作为解决争议的判断基准，以维护男女双方实质平等为价值导向，结合《民法典》和《妇女权益保障法》、《反家庭暴力法》等相关法律进行处理，维护当事人合法权益和婚姻家庭关系的和谐稳定。

【对照适用】

在漫长的岁月中，夫妻不平等的性别文化、性别意识根植于婚姻家庭的各个领域。近代以来，随着妇女解放运动的兴起，法律在推进男女平等观念上起到了重要的作用。当代许多国家陆续建立了较为完整的性别平等和针对妻子特殊保护的法律体系，有力地推动了性别平等的实现。[1]

在近现代民法的发展过程中，关于夫妻法律地位的相关规范的修改是非常引人关注的部分，以法国、德国的民法典为代表的近代民法典保留了诸多夫权制的规定，如《拿破仑法典》曾规定“夫应保护其妻，妻应顺从其夫”，《德国民法典》曾规定“夫有权决定有关共同婚姻生活的一切事务”。近半个多世纪以来，各国为贯彻男女平等原则，相继修改自己的夫妻关系法律规范，如修订后的《法国民法典》第216条规定“夫妻各方均有完全的权利能力”，《意大利民法典》第134条规定“依据婚姻的效力，丈夫和妻子相互取得同等的权利和义务”。而1947年修订后的《日本民法典》更是在总则开篇追加规定“对于本法，应以个人尊严及两性实质的平等为主旨予以解释”，将其作为“第一条之二”。[2] 由此可见，至少在立法层面上，现代各国都逐步实现了对夫妻平等法律地位的确认和保障。

新中国成立后，1950年《婚姻法》第1条即明确宣布废除“男尊女卑”的封建主义婚姻制度，实行“男女权利平等、保护妇女合法权益”的新民主主义婚姻制度，并在第7条规定“夫妻为共同生活的伴侣，在家庭中地位平等”的婚姻法基本原则。1980年《婚姻法》第9条规定“夫妻在家庭中地位平等”。2001年修改后的《婚姻法》第13条延续了该规定。《民法典》本条规定对文字表述作了个别调整，将原“家庭”改为“婚姻家庭”，一方面与婚姻家庭编的名称相呼应，另一方面也凸显出夫妻婚姻关系在家庭关系中的核心作用。

关于本条的法律适用，应当明确本条属于一般条款，其内容抽象概括，在法律适用过程中主要起价值指引和漏洞补充作用。在处理夫妻人身、财产关系争议时，其他条文有具体规定的应当优先适用，其他条文没有规定或出现权利冲突时可以适用该条文。

在此需要特别提及的是我国司法实践中时有发生的夫妻生育权纠纷，丈夫状告擅自流产的妻子要求赔偿，应当如何认识和处理。对此类案件，我国《人口与计划生育法》第17条中规定“公民有生育的权利”，而《妇

---

〔1〕 何群、刘芮、郝靖：《社会性别视野下当代中国夫妻关系平等的新要求》，载《广州大学学报（社会科学版）》2014年第11期。

〔2〕 王书江译：《日本民法典》，中国人民公安大学出版社1999年版，第2页。

女权益保障法》第51条第1款规定："妇女有按照国家有关规定生育子女的权利，也有不生育的自由。"因此，夫妻双方都有生育权，也有不生育的自由。我们可以引用本条规定说明夫妻双方在决定是否生育时具有平等的权利，妻子流产属于法律保障的生育自由，不构成对丈夫的侵权行为。当然，为了平衡夫妻之间的生育利益，可以按照《婚姻家庭编解释（一）》第23条规定："夫以妻擅自中止妊娠侵犯其生育权为由请求损害赔偿的，人民法院不予支持；夫妻双方因是否生育发生纠纷，致使感情确已破裂，一方请求离婚的，人民法院经调解无效，应依照民法典第一千零七十九条第三款第五项的规定处理。"当遇有上述情形时，人民法院可以按照"其他导致夫妻感情破裂的情形"处理，准予双方离婚。

第一千零五十六条　夫妻双方都有各自使用自己姓名的权利。

【要义精解】

本条是关于夫妻姓名权平等的规定。

姓名是用来表示个人的特定符号，姓名权是自然人的一项重要的具体人格权，同时也是人格独立的重要标志。德国学者拉伦茨指出，姓名并非是人的身外之物，如同一件东西从一只手交到另一只手，而是使人个体化的一种标志、一个象征，所以它是个人本身所具有的精神财富，一种人格财产。因此，姓名权本质上是一种人格权，即在一个人的直接存在以及他的个人生活范围内，承认他不受侵犯的权利。[1]

《民法典》第1012条规定，自然人享有姓名权，有权依法决定、使用、变更或者许可他人使用自己的姓名，但是不得违背公序良俗。对于自然人的姓名权，任何人不得加以干涉，夫妻双方在结婚以后，都有各自使用自己姓名的权利，不因婚姻关系而改变姓氏，这也是夫妻法律地位平等的具体体现。

近现代"夫妻别体主义"立法下，夫妻之间地位平等、人格独立，不存在任何人身依附关系。但在古代亲属立法中，无论中外，一般都要求妻冠夫姓。在我国封建社会，婚姻多实行男娶女嫁，女子婚后即加入夫宗，

〔1〕［德］卡尔·拉伦茨：《德国民法通论》，王晓晔等译，法律出版社2004年版，第166页。

冠以夫姓而丧失姓名权（赘夫则冠以妻姓）。[1] 现代各国婚姻家庭立法中，大多数规定妻可冠夫姓、夫可冠妻姓，也可以各自保有本姓。

早在1950年，我国《婚姻法》中就废除了夫妻姓名权不平等的规定，实现了夫妻姓名权的完全平等。该法第11条明确规定："夫妻有各用自己姓名的权利。"1980年的《婚姻法》第10条规定："夫妻双方都有各用自己姓名的权利。"2001年修改《婚姻法》时继续沿用此规定。本次《民法典》只是在用语上稍作改变，将"各用"变为"各自使用"，更加通俗易懂。

【对照适用】

根据《德国民法典》第1355条的规定，夫妻双方应当确定一个共同的家族姓氏（婚姻姓氏），配偶双方使用他们所确定的婚姻姓氏。配偶双方不确定任何婚姻姓氏的，在婚后也各自使用自己在结婚时所使用的姓氏。《瑞士民法典》第160条规定，（1）丈夫的姓氏为夫妻共同姓氏；（2）新娘有权当面向公民身份登记官员提出要求，将自己原有的姓氏置于夫姓之前。《日本民法典》第750条规定，夫妻可以在结婚时就夫妻姓氏进行协商，可以约定以丈夫的姓氏作为夫妻姓氏，也可以约定以妻子的姓氏作为夫妻姓氏。《意大利民法典》规定，婚后妻子的姓氏前要加上丈夫的姓氏。即使丈夫死亡，妻子在孀居期间仍须保留该姓氏直到其再婚时为止。

根据以上国家立法例，虽然男女平等已成为法律共识，但在夫妻姓氏选择方面仍然体现出或明或暗的夫权色彩。这些明显有违法律精神的规范，在传统和习惯面前却是极难扭转的现实，即便法律上允许另行约定或自我决定，也很难成为现实的选择。与之相对的是，我国《民法典》规定夫妻双方在结婚之后仍然有权使用各自的姓名，而且对于是否可以冠对方之姓氏不作规定，体现出对夫妻保留自己姓名的尊重和鼓励，具有深刻的妇女解放意义。

由于本条早已在我国社会生活中得到普遍的认同和贯彻，所以在司法实践中违反此项规范的案件基本不可能发生。但值得注意的是，现实生活中确实有夫妻通过主动申请变更姓名的方式冠以夫姓的情形，这从民法典人格权编姓名权规定和本条规定的解释论视角来看，似乎应当属于夫妻的

---

〔1〕 马忆南：《婚姻家庭继承法学》，北京大学出版社2014年版，第78页。

自由和权利。但是，自然人变更自己的姓名应当遵守《民法典》第 1015 条的限制性规定，即一般情况下“应当随父姓或者母姓”，除非有其他法定的特殊情形。而冠配偶之姓氏，是否属于“因由法定扶养人以外的人扶养而选取扶养人姓氏”或者“有不违背公序良俗的其他正当理由”？我们认为，虽然姓名权的设立和变更是一个私权的问题，但同时，也涉及国家的管理，甚至是公法上的利益。[1] 结合我国人民的既有习惯来看，应当作出否定的回答。

第一千零五十七条　夫妻双方都有参加生产、工作、学习和社会活动的自由，一方不得对另一方加以限制或者干涉。

【要义精解】

本条是关于夫妻各自享有人身自由权的规定。

人身自由权，是指自然人依法享有的自主支配其人身和行为不受任何组织和个人非法限制或侵害的权利。人身自由对于每一个人而言都是最基本、最重要的人权，它不仅受到民法保护，行政法、刑法和刑事诉讼法等法律也将其作为重点进行保护。更为重要的是，人身自由权也是宪法规定的基本权利。《宪法》第 35 条规定：“中华人民共和国公民有言论、出版、集会、结社、游行、示威的自由。”第 37 条第 1 款规定：“中华人民共和国公民的人身自由不受侵犯。”本条的规定是人身自由权在婚姻家庭领域的具体展开，而且无疑应当更加侧重保护女性在生产、工作、学习和社会活动方面的人身自由权。

我国《民法典》这一规定适用男女双方，把社会利益、家庭利益和夫妻双方的个人利益有机地结合在一起，既是夫妻法律地位平等的标志，又是夫妻平等地行使权利、承担义务的法律保障。但就该规定的立法精神而言，主要是保护已婚妇女的人身权利，反对夫妻关系中残存的夫权思想，同侵害妇女人身自由权的违法行为做斗争。夫妻有无人身自由权是夫妻在家庭乃至社会中地位能否实现平等的重要标志。[2]

---

〔1〕 李永军：《论姓名权的性质与法律保护》，载《比较法研究》2012 年第 1 期。

〔2〕 李洪祥、王雪梅：《已婚妇女在夫妻关系中的人身权探析》，载《行政与法（吉林省行政学院学报）》1999 年第 3 期。

两性的社会地位与其经济地位密切相关。正如经济学家贝克尔所指出的："只要妇女局限于家庭活动，在人力资本市场上很少投资，并把主要精力放在家庭上，那么，就会产生收入差别悬殊的现象。"〔1〕从人类历史发展进程来看，传统社会中女性由于体力方面的弱势，基本被定位为家务劳动的角色，男性凭借体力优势掌握了政治和社会权力，并进一步形成一种男权话语和文化偏见。表现在法律上，已婚妇女处于夫权支配之下，不具有独立的法律地位和完整人格，没有多少自由可言，只是作为丈夫的附属品被限制在家庭之中。直至近现代社会，随着人权运动的深入和女权主义的兴起，世界范围内掀起妇女解放运动，女性开始走出家庭、走向社会。各国法律逐渐赋予女性参加社会活动的权利和自由。我国1950年的《婚姻法》第9条规定："夫妻双方均有选择职业、参加工作和参加社会活动的自由。"实际上主要是为了保障女性的生产、工作和参加社会活动自由，提升妇女的经济和社会地位，进而实现男女平等。1980年《婚姻法》第11条规定："夫妻双方都有参加生产、工作、学习和社会活动的自由，一方不得对他方加以限制或干涉。"进一步扩大了自由的范围并增加了禁止性规定。2001年修改《婚姻法》时对此条未作变动。本次《民法典》基本沿用，只是将"他方"修改为"另一方"，更加通俗和准确。

当然，我们在保障夫妻双方人身自由和自主选择的同时，也应当综合考虑家庭共同生活的实际需要，尤其是子女的抚养教育问题。夫妻一方参加学习、工作和社会活动，应当与对方充分地沟通和协商，保证家庭生活的正常有序和夫妻关系的和谐稳定。

【对照适用】

在女权运动的影响下，当今世界各国纷纷修订旧法和颁布新法，全面贯彻男女平等原则，保障女性在家庭生活和社会生活中的平等权利和自由。《法国民法典》第223条规定，夫妻各方得自由从事职业，获得收益与工资，并且在分担婚姻所生负担后，得自由处分之。《德国民法典》第1356条规定：（1）夫妻双方在处理家务时，应当取得相互一致。如果家务由夫妻一方承担，则由其自主负责主持家务；（2）夫妻双方均有权从业。他们在择业和从业时，必须对配偶另一方和家庭的利益作必要的照

〔1〕［美］加里·斯坦利·贝克尔：《家庭论》，王献生、王宇译，商务印书馆1998年版，第4页。

顾。也有的国家婚姻家庭法中没有明确规定此项内容，而是通过特别法进行确认和保护。

在实践中此类案件主要表现为丈夫干涉妻子的工作和社会活动自由，有的甚至可能演化为家庭暴力。因为该条为不完全法条，处理此类案件需要结合其他条文和《妇女权益保障法》《反家庭暴力法》等法律进行处理，根据具体案情判断是否达到夫妻感情确已破裂的程度，如果达到破裂程度应当准予离婚。

第一千零五十八条　夫妻双方平等享有对未成年子女抚养、教育和保护的权利，共同承担对未成年子女抚养、教育和保护的义务。

【要义精解】

本条是关于夫妻在亲子关系中法律地位和权利义务平等的规定。

该条文为《民法典》新增内容。父母子女关系主要规定在民法典婚姻家庭编第三章第二节“父母子女关系和其他近亲属关系”，本条是从夫妻关系的角度，规定对未成年子女的抚养、教育和保护方面，夫妻双方平等享有权利和承担义务，意在突出强调夫妻共同承担保护未成年子女健康成长的责任。

虽然当今社会夫妻自愿选择不生育子女的现象屡见不鲜，但是绝大多数夫妻还是会生育子女组成传统家庭，这不仅对于人类的生存繁衍具有重大的意义，而且对于夫妻关系的和谐稳定也具有重要意义。正如费孝通先生指出的：“孩子的出生为夫妇两人创造了一件共同的工作，一个共同的希望，一片共同的前途……稳定夫妇关系的是亲子关系。”[1]子女的出生为家庭建立了一个相对稳定的“三角”关系，但家庭关系能够真正和谐稳定有赖于共同的经营和付出，尤其对于未成年子女而言，夫妻能否共同承担起抚养、教育、保护的责任，决定了子女能否健康成长，也决定了婚姻和家庭关系是否稳定。

本条可以从两个方面理解：一是夫妻作为未成年子女的父母具有抚养、教育、保护的权利和义务；二是夫妻双方对该权利义务是平等的，不存在主次先后之分。当然，这里的夫妻应指的是与未成年子女具有法律上

〔1〕费孝通：《生育制度》，天津人民出版社1981年版，第68—69页。

父母子女关系的父母，包括夫妻作为生父母和养父母。我们下面简单说明此项权利义务的内容。

一是抚养权利与义务。父母对未成年子女的抚养，是指父母从物质上、经济上对子女的养育和照料。它不仅包括给付子女必要的生活费、教育费、医疗费等费用，也应当包括在日常生活中照料子女。父母对未成年子女的抚养是无条件的，该义务始于子女出生，终于子女成年之时。夫妻在抚养未成年子女上的权利义务是平等的，既不允许一方剥夺另一方的抚养权利，也不允许一方把抚养义务完全推给另一方。无论夫妻是否实际共同生活，是实行共同财产制还是分别财产制，都应该共同承担起抚养子女的责任。

二是教育权利与义务。父母对于未成年子女的教育，主要包括两个方面的内容：一是父母应当尊重未成年人受教育的权利，必须使适龄的未成年人按照规定接受义务教育，不得使在校接受义务教育的未成年人辍学；二是父母应当以健康的思想、品行和适当的方法教育未成年人，引导未成年人进行有益身心健康的活动，预防和制止未成年人吸烟、酗酒、流浪以及聚赌、吸毒、卖淫。〔1〕家庭环境和家庭教育对于人的一生会产生不可磨灭的影响，在未成年子女的教育方面，作为父母的夫妻双方必须共同承担责任，不能把责任推卸给另一方。

三是保护权利与义务。父母对未成年子女的保护，指父母应保护未成年子女的人身和财产权益，防止和排除来自自然的损害以及来自他人的非法侵害。父母是未成年子女的当然监护人，应当尊重和维护未成年子女的人身和财产权益，如果因自己的行为导致子女人身财产损害的，应当承担法律责任。父母作为法定代理人，当未成年子女的人身或财产遭受他人侵害时，父母有权以法定代理人的身份提起诉讼，请求停止侵害、赔偿损失，维护子女的合法权益。

【对照适用】

父母对未成年子女的抚养、教育、保护的权利义务是各国民法必不可少的内容，但综观各国民法，将父母子女关系的内容置于夫妻关系之

---

〔1〕 房绍坤、范李瑛、张洪波编著：《婚姻家庭继承法》，中国人民大学出版社 2020 年版，第 123 页。

下作出规定的比较少见。前文曾指出，本条规定的意旨在于强调夫妻对于子女的共同责任，这对于当代社会变迁条件下强化家庭建设具有重要意义。

关于本条的法律适用，我们将在下文父母子女关系的相关条文中分析。

第一千零五十九条　夫妻有相互扶养的义务。

需要扶养的一方，在另一方不履行扶养义务时，有要求其给付扶养费的权利。

【要义精解】

本条是关于夫妻有相互扶养义务的规定。

基于伦理需要和法律规定，一定范围的亲属之间有扶养的权利义务关系。此处“扶养”是在广义上使用的概念，包含了“赡养”和“抚养”。我国《民法典》依据亲属的辈分不同，将扶养分为长辈对晚辈的抚养、晚辈对长辈的赡养、配偶之间和兄弟姐妹之间的扶养三种。也就是说，《民法典》对“扶养”一词采取狭义的解释，仅是指夫妻之间和兄弟姐妹之间在生活上相互供养的责任。父母对子女，祖父母、外祖父母对孙子女、外孙子女的供养责任，称为“抚养”。子女对父母、孙子女和外孙子女对祖父母、外祖父母的供养责任，称为“赡养”。

现代民法上的扶养义务，其程度和标准基于扶养主体间亲属关系的亲疏远近而有所不同：一是生活保持义务；二是一般生活扶助义务。夫妻间的扶养义务和父母对未成年子女的抚养义务，都属于“生活保持义务”。该种义务是无条件的、必须履行的，无论义务人生活是否富裕，都必须尽其所能甚至降低自己的生活水平，以履行扶养对方的义务，使受扶养人的生活水平达到与扶养人相当或接近的标准。而其他亲属间的扶养义务，属于一般生活扶助义务，是有条件的扶养：须一方无独立生活能力，并且他方有扶养能力时，才发生扶养义务。扶养义务人仅在不降低自己生活水平的限度内，给予受扶养人经济上的供养。[1] 本条规定的夫妻之间相互扶养的义务，是需要扶养义务人作出较大自我牺牲的生活保持义务。

---

〔1〕 梁慧星：《中国民法典草案建议稿附理由：亲属编》，法律出版社2013年版，第98页。

在理解夫妻间的扶养义务时，应当注意以下问题：第一，夫妻之间的扶养权利和义务，是夫妻身份关系所导致的必然结果。夫妻一方向对方所负的扶养义务，从接受者的角度来看，就是接受扶养的权利。夫妻之间的扶养权利和义务是彼此平等的，任何一方不得只强调自己应享有接受扶养的权利而拒绝承担扶养对方的义务。第二，夫妻之间接受扶养的权利和履行扶养对方的义务是以夫妻合法身份关系的存在为前提条件的，不论婚姻的实际情形如何，无论当事人的情感好坏，这种扶养权利和义务始于婚姻缔结之日，消灭于婚姻终止之时。第三，夫妻之间的扶养义务的内容包括夫妻之间相互为对方提供经济上的供养和生活上的扶助，以此维系婚姻家庭日常生活的正常进行。第四，夫妻之间的扶养义务属于民法上的强行性义务，夫妻之间不得以约定形式改变此种法定义务。在夫妻实行分别财产制的情形下，夫妻之间的扶养义务也不得因此而改变。[1]

【对照适用】

各国法律普遍规定了夫妻之间共同生活、相互扶养的义务。《法国民法典》规定，夫妻双方应相互忠诚、相互帮助与救助。《德国民法典》规定，婚姻双方相互之间负有义务，以其劳务或财产为家庭提供适当的生活费。如果婚姻一方承担家务，则其以劳务为家庭提供生活费之义务在通常情况下即通过从事家务而得到履行。《瑞士民法典》规定，结婚使配偶双方结合以共度婚姻共同生活，配偶双方互负诚实及扶助的义务。我国《民法典》的本条规定来源于原《婚姻法》第20条："夫妻有互相扶养的义务。一方不履行扶养义务时，需要扶养的一方，有要求对方付给扶养费的权利。"只是在文字表述和顺序上略作调整，更加准确。

夫妻之间的扶养包括经济上的供养、精神上的慰藉以及生活上的照顾。既有物质的内容，又有非物质的内容。实践中，由于精神上的慰藉和生活上的照顾更多地交织着伦理和情感因素，而且由于婚姻家庭生活的私密性，相关内容受道德调整较多，很多情况下无法诉诸法律强制执行。而如果一方可以自食其力，只是双方缺乏精神上的慰藉和生活上的照顾，可能作为感情破裂的因素，通过离婚的途径解决。但如果一方因身体等原

---

[1] 房绍坤、范李瑛、张洪波编著：《婚姻家庭继承法》，中国人民大学出版社2020年版，第123页。

因，无法自食其力、需要照顾的，而另一方不履行相应的扶养义务，则在不解除婚姻关系的情况下，可以通过要求对方给付扶养费的方式解决。如果义务方拒不履行义务，可能构成《刑法》上的遗弃罪，自不待言。实践中，夫妻扶养纠纷主要表现为，一方因某种原因失业或者谋生能力暂时或较长时间丧失，而另一方不履行法定扶养义务。夫妻之间的扶养主要是为了满足生活困难一方的基本生活需要和其他必要开支，如支付医疗费等。一般情况下，人民法院应根据扶养权利人一方的实际需要、支付扶养费一方的经济能力以及当地居民的平均生活水平确定夫妻间扶养费的给付标准。[1]

第一千零六十条　夫妻一方因家庭日常生活需要而实施的民事法律行为，对夫妻双方发生效力，但是夫妻一方与相对人另有约定的除外。

夫妻之间对一方可以实施的民事法律行为范围的限制，不得对抗善意相对人。

【要义精解】

本条是关于夫妻之间日常家事代理制度的规定。

夫妻日常家事代理权亦称夫妻相互代理权，作为配偶身份权中的一项重要内容，它是指夫妻一方在因家庭日常事务而与第三人为一定的民事法律行为时，享有代理配偶他方的权利。具体地说，夫妻一方代表家庭所为的行为，视为夫妻共同的意思表示，夫妻他方亦必须承担法律后果，夫妻双方对该行为承担共同的连带责任。日常家事代理权的效力，就是夫妻共同责任。[2] 日常家事代理权是维护财产交易安全、保障第三人利益的一项重要措施，也是夫妻共同生活的法律要求和日常生活顺利进行的必要保障，设立该制度符合夫妻双方的真实意愿和共同利益。现在各国立法普遍认为日常家事代理权是基于夫妻身份应当享有的权利，其范围限于日常家事，且在行使时不必以被代理人的名义。它与一般代理权有诸多不同之处，是一项特殊的法定代理权。

---

〔1〕 最高人民法院民法典贯彻实施工作领导小组主编：《中华人民共和国民法典婚姻家庭编继承编理解与适用》，人民法院出版社 2020 年版，第 132—133 页。

〔2〕 蒋月：《当代民法典中夫妻人身关系的立法选择》，载《法商研究》2019 年第 6 期。

原《婚姻法》对日常家事代理问题没有规定。为适应司法实践需要，《婚姻法解释（一）》第17条对“夫或妻对夫妻共同所有的财产，有平等的处理权”的规定，作出明确的解释为：“（一）夫或妻在处理夫妻共有财产上的权利是平等的。因日常生活需要而处理夫妻共有财产的，任何一方均有权决定……”这是我国首次以司法解释的形式，承认处分共同财产领域的日常家事代理权，为处理相关纠纷提供了依据。此后，2018年《最高人民法院关于审理涉及夫妻债务纠纷案件适用法律有关问题的解释》第2条进一步规定：“夫妻一方在婚姻关系存续期间以个人名义为家庭日常生活需要所负的债务，债权人以属于夫妻共同债务为由主张权利的，人民法院应予支持。”该规定从夫妻共同债务承担的角度进一步承认了夫妻日常家事代理权。

在立法的意义上，本条为《民法典》新增加的内容，与第1064条第1款后半段构成了完整的日常家事代理制度。本条是关于日常家事代理的范围、限制和法律效果的规定，而行使该项权利所生债务的性质规定在第1064条第1款后半段，即产生夫妻共同债务。对于夫妻一方因家庭日常生活需要而实施的民事法律行为，除非实施法律行为一方与相对人另有约定，否则对夫妻双方发生法律效力，另一方不能以未授权、不知道为由予以否认。在夫妻内部关系中，双方可以约定一方实施基于家庭日常生活需要民事法律行为的范围，该约定对夫妻双方具有法律约束力；但在外部关系中，如果该民事法律行为的相对人不知道或不应当知道该约定的，该民事法律行为仍对夫妻双方发生法律效力。

【对照适用】

在大陆法系各国民法典中，夫妻日常家事代理制度是一项重要的制度规范。《法国民法典》第220条第1款规定，夫妻各方均有权单独订立以维持家庭日常生活与教育子女为目的的合同。夫妻一方依此缔结的债务对另一方具有连带拘束力。但是，依据家庭生活状况，所进行的活动是否有益以及缔结合同的第三人是善意还是恶意，对明显过分的开支，不发生此种连带责任。《德国民法典》第1357条规定，婚姻的任何一方均有权处理使家庭的生活需求得到适当满足并且其效力也及于婚姻对方的事务。婚姻双方皆通过此种事务而享有权利和承担义务，但是如果根据情况得出另外的结论则除外。《日本民法典》第761条规定，夫妻一方就日常家事同第三人实施了法律行为时，他方对由此而产生的债务负连带责任。但是，对第三人预告不负责任意旨者，不在此限。《瑞士民法典》第166条第1款规定，配偶双方中任何一方，于共同生活期间，代表婚姻共同生活处理家庭日常事务。

依照《民法典》本条规定，夫妻一方因家庭日常生活需要而实施的民事法律行为，夫妻双方互为代理人，无须对方授权，该民事法律行为的后果及于夫妻双方，所产生的债务为夫妻双方的共同债务。该项制度在法律适用中应注意以下问题。

第一，在实务中如何把握“家庭日常生活需要”的范围？一般认为应当包括必要日用品的购买、医疗和医药服务、合理的保健和锻炼、文化消费和娱乐、子女教育以及家庭用工的雇佣等决定家庭共同生活必要的一切事务。但通常认为，以下不属于日常家事范围：（1）处分夫妻任何一方的不动产。但是，如果夫或妻不处分对方的不动产就不能维持家庭生活，而又等不及配偶对方授权时除外。（2）处分具有重大价值的夫妻共同财产。（3）处理与配偶另一方人身有密切关联的事务。[1]

第二，夫妻一方非因日常生活需要实施的民事法律行为对另一方是否具有约束力？夫妻双方虽因婚姻存在共同利益，但不能完全否认各自人格的独立性，因此，夫妻一方非因日常生活需要实施的民事法律行为，不能当然对另一方具有法律约束力。对于家庭重大事项或者重大财产的处分等，夫妻双方应当取得一致意见。此时如果与之交易的第三人主张对夫妻双方均具有约束力，应当按照民法的一般原理，证明对方已经明确表示同意或者构成表见代理，即其有理由相信为夫妻双方的共同意思表示。[2] 否则，该行为对夫妻另一方不产生法律效力。

第一千零六十一条　夫妻有相互继承遗产的权利。

【要义精解】

本条是关于夫妻相互之间享有遗产继承权的规定。

---

〔1〕何丽新：《婚姻家庭与继承法》，厦门大学出版社2012年版，第94—95页。

〔2〕最高人民法院民法典贯彻实施工作领导小组主编：《中华人民共和国民法典婚姻家庭编继承编理解与适用》，人民法院出版社2020年版，第132—133页。

夫妻之间基于配偶身份关系互有遗产继承权，是婚姻法律效力即夫妻权利义务关系中十分重要的内容，也是法定继承制度的重要内容。在论及继承的功能时，传统观点更多地关注其传承功能，故旧制下的妇女并无继承权或是有条件的继承，但随着家庭结构以及财产来源的变化，死亡时的财产继承，不仅仅是个传承问题，还意味着对婚姻财产的清算，故配偶继承权制度经过了从无到有的发展过程，现今很多国家都构建了配偶继承制度。[1]

夫妻相互遗产继承权是基于配偶身份，故权利主体必须为具有合法婚姻关系的配偶。如果男女之间只有婚约或者只是同居生活而没有办理结婚登记，或者双方已经离婚，则不享有继承权。当然，如果男女双方正在进行离婚诉讼期间，或者离婚判决尚未生效，而一方死亡的，由于双方之间婚姻关系尚未解除，另一方仍享有遗产继承权。

【对照适用】

我国古代宗法制度下，妇女地位低下，实行以男系亲属为本位的宗祧继承，妇女原则上无权继承丈夫的遗产。新中国成立后，1950 年的《婚姻法》彻底废除男尊女卑的封建主义婚姻家庭制度，第 12 条规定：夫妻有互相继承遗产的权利。《妇女权益保障法》第 34 条规定："妇女享有的与男子平等的财产继承权受法律保护。在同一顺序法定继承人中，不得歧视妇女。丧偶妇女有权处分继承的财产，任何人不得干涉。"《老年人权益保障法》第 22 条第 3 款规定"老年人以遗嘱处分财产，应当依法为老年配偶保留必要的份额"，这可以说是第一个明确、直接规定在遗嘱设立中对老年配偶继承权予以保护的条文。

当今世界各国大多承认配偶双方具有平等的继承地位，相互享有继承权。在继承方式上，大体分为两种：（1）将配偶作为独立的法定继承人，且多为第一顺序。（2）不将配偶作为独立顺序法定继承人，而作为随从顺序继承人，有权与任何顺序的法定继承人共同参与继承，按法定比例分配遗产。例如，《德国民法典》第 1931 条规定，当配偶与第一顺序血亲亲属共同继承时，继承遗产的 1/4；与第二顺序亲属或祖父母共同继承时，继

---

〔1〕赵莉：《域外配偶继承权制度立法修法之争及启示——以配偶继承权与夫妻财产制的关联性为中心》，载《北方法学》2014 年第 6 期。

承遗产的1/2；无第一、第二顺序亲属或祖父母时，继承遗产的全部。

自1985年《继承法》以来，配偶与子女、父母同为第一顺序继承人，成为我国《继承法》的特色之一，这些特色经过原《继承法》三十多年的运作，已成为我国固有法的一部分。[1] 而且，夫妻之间的遗产继承权不因是否再婚受到影响。民法典继承编第1157条规定，夫妻一方死亡后，另一方再婚的，有权处分所继承的财产，任何组织或者个人不得干涉。

在实践中，夫妻相互继承遗产时，应先对夫妻共同财产进行分割，确定死亡配偶个人遗产的具体范围，再确定配偶一方应当继承的遗产份额。对此，民法典继承编第1153条第1款规定，夫妻共同所有的财产，除有约定的外，遗产分割时，应当先将共同所有的财产的一半分出为配偶所有，其余的为被继承人的遗产。另外须注意的是，民法典继承编在第1141条规定，"遗嘱应当为缺乏劳动能力又没有生活来源的继承人保留必要的遗产份额"，从而注意到了对遗嘱自由的限制，考虑到了继承的抚养功能，这一特留份制度对于配偶当然适用。随着我国社会老龄化的进程，老龄生存配偶的继承权问题应引起足够的重视，尤其老龄女性生存配偶的扶养问题是一项重要的课题，因此，特留份制度对老年配偶尤为必要。

第一千零六十二条　夫妻在婚姻关系存续期间所得的下列财产，为夫妻的共同财产，归夫妻共同所有：

（一）工资、奖金、劳务报酬；

（二）生产、经营、投资的收益；

（三）知识产权的收益；

（四）继承或者受赠的财产，但是本法第一千零六十三条第三项规定的除外；

（五）其他应当归共同所有的财产。

夫妻对共同财产，有平等的处理权。

【要义精解】

本条是关于夫妻共同财产范围以及夫妻对共同财产平等处理权的规定。

夫妻财产的归属、夫妻财产的处分与夫妻债务的认定及清偿，共同构

[1] 王利明：《中国民法典学者建议及立法理由：继承编》，法律出版社2005年版，第506页。

成夫妻财产制度的基本框架。从制度的功能上看，夫妻财产制度应当有利于婚姻和家庭生活，能够为夫妻双方以及其他家庭成员的各项经济活动或非经济活动提供经济上的激励。[1] 我国现行夫妻财产制在总体上是法定财产制与约定财产制相结合，在法定财产制中是共同财产制与个人特有财产制相结合，《民法典》分别从不同的角度规定了夫妻共同财产和个人特有财产的范围。在夫妻对其财产没有约定或约定不明、约定无效时，当然适用法定财产制。本条是关于法定共同财产制的规定，采取的是婚后所得共同制，即夫妻双方在结婚以后、夫妻关系存续期间，除法定例外情形，双方所得的财产属于夫妻共同财产。夫妻对共同财产，有平等的处理权。

一、夫妻共同财产的范围

《民法典》采用列举式和概括式相结合的方式，规定了夫妻共同财产的范围。根据《民法典》规定的精神，凡是认定为夫妻共同所有财产的，须具备三个要件：第一，必须是在婚姻关系存续期间双方合法取得的财产。换言之，婚姻关系成立以前和终止以后双方所得，以及各种非法所得，均不列入共同财产的范围。第二，必须是未被双方约定为个人所有的财产，或者虽约定为个人所有但约定无效的。凡是已经约定为个人所有的财产，不得作为夫妻共同财产。第三，必须是法定个人特有财产以外的双方婚后所得财产。[2] 具体而言，共同财产包括如下类别。

其一，工资、奖金、劳务报酬。工资、奖金是我国普遍实行的劳动报酬形式，是当前我国大多数工薪阶层夫妻主要的劳动收入来源。与原《婚姻法》第 17 条第 1 项“工资、奖金”不同的是，本条增加了“劳务报酬”，以使该项规定的涵盖性更强。这是因为近些年来，随着社会主义市场经济的繁荣，多种经济形态共同发展，人们的劳动就业形式日益多样化。实际生活中，除了建立劳动关系的劳动者获得的工资、奖金之外，很多人通过非劳动关系的劳务合同获得报酬，如咨询费、讲课费、稿费等，这类收入属劳务报酬范围，不能被基于劳动关系的工资、奖金所涵盖，也是夫妻一方或双方的劳动收入，应为夫妻共同财产。

其二，生产、经营、投资的收益。本条文在原《婚姻法》第 17 条第 2 项

---

〔1〕 贺剑：《夫妻财产法的精神——民法典夫妻共同债务和财产规则释论》，载《法学》2020 年第 7 期，第 21 页。

〔2〕 杨大文主编：《亲属法与继承法》，法律出版社 2013 年版，第 119 页。

"生产、经营的收益"基础上，增加规定了"投资的收益"。生产、经营的收益，指夫妻一方或双方以农村承包经营户、个体工商户、个人独资企业、合伙企业、公司法人等组织形式，进行生产经营取得的收益。但是，当前财产投资形式日趋多元化，从事股票、债券等投资产生的收益很难归属于"生产、经营的收益"范围内，但与生产、经营收益的实质相同，无论是以共同财产还是个人财产投资所得，均应属夫妻共同财产范围，以回应社会现实需求。

其三，知识产权的收益。知识产权是权利人对其智力成果依法所享有的专有权利，主要包括著作权、专利权、商标权、发明权、发现权、商业秘密权等。"知识产权的收益"是指婚姻关系存续期间，实际取得或者已经明确可以取得的财产性收益。根据本项规定的文义解释，一项知识产权无论产生于婚前还是婚后，只要在婚姻关系存续期间实际取得了财产性收益，应属夫妻共同财产。按照司法实践中的普遍共识，如果知识产权财产性收益明确的时间是在婚姻关系存续期间，无论收益的实际取得是在婚姻关系存续期间还是在离婚后，该收益也为夫妻共同财产。对于离婚时一方尚未取得经济利益的知识产权，则不能作为夫妻共同财产分割。

其四，继承或受赠的财产，但遗嘱或者赠与合同中确定只归一方的财产除外。对于夫妻因继承取得的财产，一方通过法定继承所取得的财产应当为夫妻共同财产；基于遗嘱继承或受遗赠的财产，只要在遗嘱或遗赠中未明确归夫妻一方所有，就应当属于夫妻共同财产。

其五，其他应当归共同所有的财产。基于实际生活的复杂性和夫妻财产的多样性，对于夫妻婚后所得应属共同财产的情形无法一一列举，所以设立此项概括性规定，起到兜底的作用，以适应社会生活的发展变化。在司法实践中，其他应当归共同所有的财产一般包括：夫妻一方在婚姻关系存续期间以个人财产投资取得的收益；夫妻双方在婚姻关系存续期间实际取得或者应当取得的住房补贴、住房公积金；夫妻双方在婚姻关系存续期间实际取得或者应当取得的养老保险金、破产安置补偿费以及军人复员费等。

二、夫妻共同财产权的行使

夫妻共同财产属于夫妻共同共有，即不论夫妻个人收入的有无或高低，双方对全部共同财产不分份额地、平等地享有和行使占有、使用、收益、处分的权利。本条规定对夫妻共同所有的财产，有平等的处理权，是指夫或妻在处理夫妻共有财产上的权利是平等的：因日常生活需要而处理夫妻共有财产的，任何一方均有权决定；非因日常生活需要对夫妻共有财产作重要处理决定，夫妻双方应当平等协商，取得一致意见。一方超出日常家事范围擅自处分共同财产侵犯对方合法权益的，应当承担赔偿责任。

【对照适用】

当今世界各国基于不同的文化传统和社会制度，夫妻财产制度各有不同。就法定财产制而言，英美法系国家以分别财产制为主，大陆法系国家中日本采取分别财产制，德国、瑞士等由“联合财产制”转向“剩余共同财产制”——婚姻关系存续期间的分别财产制和婚姻关系终止时的各自增值共同制。整体而言，分别财产制更尊重个人意愿和经济独立，共同财产制注重保护弱势一方的财产利益，实现夫妻双方的实质平等。

在法律适用过程中，应结合《民法典》第1063条关于夫妻一方个人特有财产的规定，分清夫妻一方个人财产与双方共同财产的界限。尤其应注意婚前个人财产在婚后发生变化时的权利归属。

其一，一方使用婚前个人财产在婚后购买的房屋、汽车等财产，其来源于其婚前的个人财产，不属于生产、经营收益范畴，只是原有个人财产的存在形态发生了变化，应当认定为一方的个人财产。

其二，夫妻一方个人财产在婚后产生的收益，如果属于孳息和自然增值，应认定为仍属于一方个人财产；如果属于生产、经营、投资行为所得收益，属于夫妻共同财产。从我国《民法典》的立法价值理念出发，一方婚前财产婚后收益的归属应当以另一方或双方的劳动和资本的“协力”为标准，与婚姻中的个人努力无关的资本取得则不在分享之列，以既立足于婚姻共同体的维护，也兼顾近年来个人主义理念的勃兴。[1]

第一千零六十三条　下列财产为夫妻一方的个人财产：

（一）一方的婚前财产；

（二）一方因受到人身损害获得的赔偿或者补偿；

（三）遗嘱或者赠与合同中确定只归一方的财产；

（四）一方专用的生活用品；

（五）其他应当归一方的财产。

---

〔1〕　冉克平：《夫妻财产制度的双重结构及其体系化释论》，载《中国法学》2020年第6期。

【要义精解】

本条是关于夫妻个人财产范围的规定。

尽管夫妻财产制以夫妻共同财产为导向，但是不应忽略或扼杀夫妻共同体内的“个人主义”价值，否则易陷入“法律家父主义”的陷阱。[1]我国法定的夫妻制以共同财产制为原则、分别财产制为补充。在夫妻共同财产制前提下，法律规定部分财产属于夫妻一方个人所有，这是对夫妻共同财产制的限制与补充，目的在于保障夫妻各自合法的个人财产。关于夫妻个人财产，1950 年《婚姻法》和 1980 年《婚姻法》均未作出明确规定，2001 年修改《婚姻法》时增设了夫妻个人财产的规定。本条在原《婚姻法》第 18 条的基础上对条文进行了文字表述的调整，未作实质性改变。

依其规定，夫妻一方个人财产包括以下类型。

第一，夫妻各自的婚前财产。以完成结婚登记、确立婚姻关系为界，此前夫妻一方已经取得所有权的财产，仍保有其所有权，不因结婚或婚后共同生活转变为夫妻共同财产。

第二，一方因受到人身损害获得的赔偿或者补偿。这种赔偿或补偿具有明确的人身专属性，是保护受害人个人身体健康权的需要，使其尽快恢复健康并保障其生活所需，理应归个人所有。

第三，遗嘱或者赠与合同中明确只归一方的财产。民法典继承编第 1133 条第 2 款、第 3 款规定，自然人可以立遗嘱将个人财产指定由法定继承人中的一人或者数人继承；自然人可以立遗嘱将个人财产赠与国家、集体或者法定继承人以外的组织、个人。按照这一规定，作为被继承人的自然人在生前可以按照其个人意愿依法以遗嘱方式处分其个人财产，指定遗嘱继承人或受遗赠人。如果被继承人在遗嘱中指明了其遗产只归已婚的夫或妻一方继承或受遗赠，这是遗嘱自由的体现，法律必须予以尊重和保护。基于此遗嘱内容的法律效力，夫或妻一方享有所继承或受遗赠的财产的所有权。《民法典》第 657 条规定：“赠与合同是赠与人将自己的财产无偿给予受赠人，受赠人表示接受赠与的合同。”由于赠与合同是赠与人与特定的受赠人之间达成的协议，所赠与财产的所有权只能转移给特定的受赠人。因此，如果赠与人在赠与合同中明确表示赠与夫或妻一方的某项财产

---

〔1〕 冉克平：《夫妻财产制度的双重结构及其体系化释论》，载《中国法学》2020 年第 6 期。

所有权仅归该受赠人，则所赠与的财产就应属于夫或妻一方的个人财产。[1]

第四，一方专用的生活用品。一方专用的生活用品是指婚后以夫妻共同财产购置的供夫或妻个人使用的生活消费品，如衣物、饰物等。由于这类财产在使用价值方面具有特殊性，不是夫妻双方通用或者共用的生活用品，所以应属于夫或妻一方个人所有。婚后购置贵重首饰，价值较大的图书资料以及摩托车、拖拉机、汽车等生活、生产资料，虽属个人使用，也应视为夫妻共同财产。

第五，其他应当归一方的财产。这是一项兜底的概括性条款，以能更有效地应对复杂的社会现实生活。此项是指依照其他有关规定而由特定行为人本人享有所有权的财产。这类财产主要包括：军人的伤亡保险金、伤残补助金、医药生活补助费；军人复员费、自主择业费中夫妻共同所有之外的部分；夫妻一方因参与体育竞赛活动取得优胜而荣获的奖杯、奖牌。因我国对于夫妻财产以共同财产制为原则，所以对于本项的理解，不宜作扩大解释。

【对照适用】

各国民法一般都有关于夫妻一方个人特有财产的规定，如《日本民法典》第 762 条规定，夫妻一方于婚前所有的财产及婚姻中以自己的名义取得的财产，为其特有财产。我国台湾地区"民法"第 1031-1 条规定，下列财产为特有财产：(1) 专供夫或妻个人使用之物。(2) 夫或妻职业上必须之物。(3) 夫或妻所受之赠物，经赠与人以书面声明为其特有财产者。

在认定夫妻个人特有财产时，应注意以下问题：第一，《民法典》第 1063 条规定为夫妻一方所有的财产，不因婚姻关系的延续或共同使用关系而转化为夫妻共同财产，但当事人另有约定的除外。第二，夫妻一方将婚前个人财产投入婚姻家庭生活之用，并已被消耗完或毁损、灭失的，不得主张用夫妻共同财产加以补偿或抵偿。

近年来，由于房价上涨，实践中在夫妻财产关系中关于房产利益的争议十分引人关注。在处理夫妻之间有关房屋产权及相关利益纠纷时应当结合《民法典》有关规定和相关司法解释合法合理地予以解决。最新《婚姻

---

[1] 房绍坤、范李瑛、张洪波编著：《婚姻家庭继承法》，中国人民大学出版社 2020 年版，第 66—67 页。

家庭编解释（一）》第29条规定："当事人结婚前，父母为双方购置房屋出资的，该出资应当认定为对自己子女个人的赠与，但父母明确表示赠与双方的除外。当事人结婚后，父母为双方购置房屋出资的，依照约定处理；没有约定或者约定不明确的，按照民法典第一千零六十二条第一款第四项规定的原则处理。"根据这一规定，对于当事人结婚后购房父母出资的情况，似乎最高人民法院改变了此前的司法解释中较为明确的个人主义立场，转而维护夫妻共同体的利益。但我们认为，父母出资为子女购房的情况较为复杂，既有部分出资也有全部出资，既有登记于双方名下也有登记于一方名下，不能一概而论，此前的司法解释中所确立的处理规则较为具体且有更好的可操作性，仍可在司法实践中参照适用。

其一，当事人结婚前，父母为双方购置房屋出资的，该出资应当认定为对自己子女的个人赠与，但父母明确表示赠与双方的除外。当事人结婚后，父母为双方购置房屋出资的，该出资应当认定为对夫妻双方的赠与，但父母明确表示赠与一方的除外。

其二，婚后由一方父母出资为子女购买的不动产，产权登记在出资人子女名下的，可视为只对自己子女一方的赠与，该不动产应认定为夫妻一方的个人财产。由双方父母出资购买的不动产，产权登记在一方子女名下的，该不动产可认定为双方按照各自父母的出资份额按份共有，但当事人另有约定的除外。

其三，夫妻一方婚前签订不动产买卖合同，以个人财产支付首付款并在银行贷款，婚后用夫妻共同财产还贷，不动产登记于首付款支付方名下的，离婚时该不动产由双方协议处理。不能达成协议的，可以认定该不动产归产权登记一方，尚未归还的贷款为产权登记一方的个人债务。双方婚后共同还贷支付的款项及其相对应财产增值部分，离婚时应由产权登记一方对另一方进行补偿。

在此，尤其值得注意的是，夫妻婚后由一方父母出资为子女购买不动产的情形，基于中国传统家庭文化影响，父母出资时，一般不会特别以书面形式明确表示是赠与自己子女一方，而是直接将该不动产登记在了自己子女的名下，该房屋视为父母对自己子女的赠与，为夫妻一方的个人财产。[1]

---

〔1〕韩峰：《父母出资购房纠纷的四种情形》，载《上海法治报》2012年12月4日，第B5版。

第一千零六十四条　夫妻双方共同签名或者夫妻一方事后追认等共同意思表示所负的债务，以及夫妻一方在婚姻关系存续期间以个人名义为家庭日常生活需要所负的债务，属于夫妻共同债务。

夫妻一方在婚姻关系存续期间以个人名义超出家庭日常生活需要所负的债务，不属于夫妻共同债务；但是，债权人能够证明该债务用于夫妻共同生活、共同生产经营或者基于夫妻双方共同意思表示的除外。

【要义精解】

本条是关于夫妻共同债务的规定。

夫妻共同债务的判断与认定，涉及夫妻共同体、债权人以及举债方配偶等多方利益，其目的在于实现夫妻内部财产关系与外部债法关系的有机衔接。本条是新增加的内容，也是对此前数个相关司法解释的总结，是《民法典》广受社会关注的亮点之一，为解决实践中争议较大的夫妻债务问题提供了明确的法律依据。

本条文明确了夫妻共同债务“共债共签”的基本原则，同时与第1060条日常家事代理权相呼应，明确为家庭日常生活需要所负债务为夫妻共同债务。此外对于婚姻关系存续期间夫妻一方以个人名义所负其他债务，除非债权人能够证明已经用于夫妻共同生活、共同生产经营或者基于双方共同的意思表示，否则不属于夫妻共同债务。该规定体现了平等保护债权人利益和夫妻双方利益，兼顾交易安全与婚姻家庭伦理的立法理念。根据本条规定，夫妻共同债务的判断标准分为以下三个层次。

第一，基于夫妻共同意思表示所负的债务为共同债务，即所谓“共债共签”。具体形式可以是夫妻双方作出明示的意思表示，如共同签名；还可以是夫妻一方单方作出意思表示但事前经另一方配偶允许或者事后由另一方配偶追认；举债方配偶的默示甚至特定情形的沉默也可以包含在内，如举债方的配偶已经实际享有其配偶举债所获利益或者其在合同订立的现场但未立即作出反对表示。[1] 根据民法意思自治原则和合同相对性原理，夫妻双方作为共同债务人与债权人自愿达成协议，发生债权债务关系，自然形成夫妻共同债务。这要求债权人在债务形成时，应当与作为债务人的

〔1〕 冉克平：《夫妻财产制度的双重结构及其体系化释论》，载《中国法学》2020年第6期。

夫妻双方共同协商确定。这虽然对债权人课加了一定的风险控制义务，但能够较好地保护夫妻另一方的知情权和同意权，预防纠纷的发生。

第二，夫妻一方为日常家庭生活需要所负的债务为共同债务。此处涉及日常家事代理权，前文已有解释，在此不再赘述。需要指出的是，日常家事代理所生共同债务的责任承担与夫妻财产制无必然联系，无论实行夫妻共同财产制或分别财产制，夫妻一方因日常事务代理与第三人对外发生法律关系后的责任承担，夫妻双方对外皆负连带责任。日常家事代理权以维护家庭共同生活为宗旨，为避免婚姻共同体因家事交易被捆绑为债权人的责任共同体，从尊重夫妻人格独立出发，日常家事的范围应受到严格限制，这也是目前国际上的发展趋势。[1]举债方实施日常家事代理权应以家庭日常生活需要为目的并以维系家庭正常生活所必要为限。

第三，夫妻一方超出家庭日常生活需要所负的债务，如债权人能够证明该债务用于夫妻共同生活、共同生产经营或者基于夫妻双方共同意思表示的，该债务属于夫妻共同债务。如债权人不能举证证明，则只能认定为夫妻一方个人债务，以保护未举债的配偶一方的合法权益。本条规定将举证责任加之债权人，以督促债权人在确立债权债务关系时尽到审慎的注意义务，要求举债人的配偶一方签字同意，确保债务形成为夫妻双方的共同意思表示，能够避免夫妻一方与债权人恶意串通损害另一方合法权益，维护婚姻家庭伦理。夫妻单方举债是否用于“家庭共同生活、共同生产经营”目的，可以依据理性第三人的视角对家庭的经济水平、消费习惯以及当地的社会交易观念等予以综合考察并裁断。[2]

【对照适用】

各国民法对于夫妻共同债务，一般以日常家庭事务为基准进行认定，夫妻双方负连带清偿责任。我国 1950 年的《婚姻法》第 24 条规定：“离婚时，原为夫妻共同生活所负担的债务，以共同生活时所得财产偿还；如无共同生活时所得财产或共同生活时所得财产不足清偿时，由男方清偿。男女一方单独所负债务，由本人偿还。”1980 年《婚姻法》第 32 条规定：

---

〔1〕 王战涛：《日常家事代理之批判》，载《法学家》2019 年第 3 期。

〔2〕 汪洋：《夫妻债务的基本类型、责任基础与责任财产——最高人民法院〈夫妻债务解释〉实体法评析》，载《当代法学》2019 年第 3 期。

“离婚时，原为夫妻共同生活所负的债务，以共同财产偿还。如该项财产不足清偿时，由双方协议清偿；协议不成时，由人民法院判决。男女一方单独所负债务，由本人偿还。”2001 年修改后的《婚姻法》第 41 条规定：“离婚时，原为夫妻共同生活所负的债务，应当共同偿还。共同财产不足清偿的，或财产归各自所有的，由双方协议清偿；协议不成时，由人民法院判决。”

为解决共同债务认定的困难，曾经颇受争议的 2003 年 12 月 4 日通过的《最高人民法院关于适用〈中华人民共和国婚姻法〉若干问题的解释(二)》(现已失效) 第 24 条规定，婚姻关系存续期间夫妻一方以个人名义所负债务，应当按照夫妻共同债务处理。但夫妻一方能够证明债权人与债务人明确约定为个人债务，或者能够证明第三人知道夫妻双方属于约定分别财产制的除外。该规定虽然能够较好地维护交易安全，但也使得许多无辜配偶“被负债”，引起广泛质疑，被《民法典》和新的《婚姻家庭编解释（一）》所废弃。

实践中夫妻共同债务处理的核心问题是其与个人债务的区分。

第一，婚前一方所负债务的性质。《婚姻家庭编解释（一）》第 33 条规定：“债权人就一方婚前所负个人债务向债务人的配偶主张权利的，人民法院不予支持。但债权人能够证明所负债务用于婚后家庭共同生活的除外。”原则上，婚前一方所负债务为个人债务，应当用个人财产偿还。但债权人能够证明一方婚前所负债务用于婚后家庭共同生活的，另一方亦享受其利益，应当认定为夫妻共同债务。

第二，夫妻一方个人债务的范围。具体包括如下。

1. 夫妻一方的婚前债务。如夫妻一方为购置房屋等财产负担的债务，该房屋没有用于婚后共同生活的，应当认定为个人债务；

2. 夫妻一方未经对方同意，擅自资助与其没有扶养义务的人所负债务；

3. 夫妻一方未经对方同意，独自筹资从事生产或者投资经营活动所负债务，且其收入确未用于共同生活的；

4. 遗嘱或赠与合同或者协议中确定只归夫或妻一方的财产为一方个人财产，附随这份遗嘱或赠与合同而来的债务也应由接受遗嘱或赠与的一方单独承担，他方无清偿责任；

5. 夫妻双方依法约定由个人负担的债务。夫妻双方本属于共同债务，约定由一方负担的可以视为夫妻个人债务，但是这种约定不能当然及于债权人，对债权人没有对抗效力，除非债权人事先知道或者事后追认该约定；

6. 夫妻一方在从事赌博、吸毒等违法犯罪活动中所负债务，为夫妻一方个人债务。

第一千零六十五条　男女双方可以约定婚姻关系存续期间所得的财产以及婚前财产归各自所有、共同所有或者部分各自所有、部分共同所有。约定应当采用书面形式。没有约定或者约定不明确的，适用本法第一千零六十二条、第一千零六十三条的规定。

夫妻对婚姻关系存续期间所得的财产以及婚前财产的约定，对双方具有法律约束力。

夫妻对婚姻关系存续期间所得的财产约定归各自所有，夫或者妻一方对外所负的债务，相对人知道该约定的，以夫或者妻一方的个人财产清偿。

【要义精解】

本条是关于夫妻约定财产制的规定。

所谓夫妻财产约定，亦称夫妻财产制契约，指夫妻或即将成为夫妻之人就婚后采用何种夫妻财产制所订之契约。[1] 约定财产制，是婚姻当事人以约定的方式，选择决定夫妻财产制形式的制度。夫妻约定财产制适应了当前我国市场经济蓬勃发展、个体财富日益增多、社会成员尤其是女性人格和财产独立的时代要求，是对越来越多的夫妻渴望对夫妻间财产关系作出自主安排，以及自由选择财产制类型、内容等方面多元化需求的积极回应。[2]

关于约定财产制的适用应注意以下问题。

第一，夫妻约定财产制的适用条件。夫妻对财产的约定为民事法律行为，应当具备《民法典》第143条关于民事法律行为的有效条件。(1) 约定主体必须适格。当事人在进行夫妻财产约定时应当具有完全民事行为能

〔1〕余延满：《亲属法原论》，法律出版社2007年版，第286—287页。

〔2〕王明文：《论夫妻财产约定的立法模式、性质和效力》，载《黑龙江社会科学》2020年第1期。

力。(2) 约定必须男女双方完全自愿。如果一方以胁迫、欺诈手段,使另一方作出违反自己真实意愿的约定,另一方有权请求变更或撤销。(3) 约定的内容必须合法。夫妻对财产的约定不能损害国家、集体和他人的利益,不能借约定逃避对第三人的债务,不能通过财产约定免除法定的抚养、扶养、赡养义务。

第二,夫妻约定财产制的内容。夫妻约定财产的范围,既包括一方的婚前个人财产,也包括夫妻双方在婚姻关系存续期间所得的财产。关于约定的类型,我国法律允许当事人在一般共同制、部分共同制和分别财产制三种方式中选择一种类型作为双方约定的夫妻财产制。一般共同制即婚前财产和婚姻关系存续期间所得的财产,均归夫妻双方共同所有;部分共同制即婚前财产和婚姻关系存续期间所得的财产中,只将部分财产设为夫妻共同所有,由双方约定属共同所有的财产和一方个人所有的财产的范围;分别财产制即婚前财产和婚姻关系存续期间所得的财产,归各自所有。

第三,夫妻约定财产制的时间和方式。当事人可以选择婚前订立,也可以选择婚后订立,但婚前订立的协议只能在婚姻关系成立时生效。关于夫妻约定财产制的约定方式,应当采用书面形式。但这种书面形式不具有对外公示性,也就不能产生对外效力,许多学者提出建立完善且具有可操作性的夫妻约定财产制之登记公示制度,以平衡保护夫妻一方和第三人(债权人)的合法权益,充分发挥夫妻约定财产制的制度目的。[1] 我们可以借鉴德国、日本、我国台湾地区等国家和地区关于夫妻约定财产制登记方面的相关规定,建立相应的登记公示制度。

第四,夫妻约定财产制的效力。应注意以下三个方面:第一,约定财产制优于法定财产制。没有约定或约定不明确的,适用法定财产制。第二,约定的对内效力。夫妻一方不得擅自修改、不得违反,离婚时的财产争议按照约定处理。第三,约定的对外效力。由于夫妻财产约定仅仅需要书面形式,不需要公示程序,故不具有对抗第三人的效力。在约定实行分别财产制的情形下,为维护第三人利益,只有第三人知道该约定内容的,才对其发生效力,而且夫妻一方负有证明"第三人知道该约定"的举证责任。

---

〔1〕 汪家元:《我国夫妻约定财产制之适用困境与规制完善》,载《法学杂志》2019 年第 1 期。

【对照适用】

与法定财产制相比，约定财产制更能适应复杂多样的社会生活，更能体现当事人的个性化需要，所以世界各国都比较重视约定财产制的作用。美国、英国、法国、德国、瑞士等许多国家和地区都在法律中规定夫妻约定财产制。关于约定财产制主要有两种立法例：[1]（1）选择式的夫妻约定财产制，即法律上设置几种典型的夫妻财产制，由当事人选择，法律未规定的夫妻财产制，当事人不得选择，且不能通过契约变更财产制的内容。如德国、瑞士。（2）独创式的夫妻约定财产制，即法律不设置典型的财产制，而由当事人自行约定适用哪种财产制及具体的内容，在不违反法律的限制性规定或公序良俗的情形下，尊重当事人的自由。如日本、韩国。

我国1950年《婚姻法》对夫妻约定财产制没有作出规定。1980年《婚姻法》在第13条第1款规定，“夫妻在婚姻关系存续期间所得的财产，归夫妻共同所有，双方另有约定的除外”。2001年《婚姻法》第19条规定：“夫妻可以约定婚姻关系存续期间所得的财产以及婚前财产归各自所有、共同所有或部分各自所有、部分共同所有。约定应当采用书面形式。没有约定或约定不明确的，适用本法第十七条、第十八条的规定。夫妻对婚姻关系存续期间所得的财产以及婚前财产的约定，对双方具有约束力。夫妻对婚姻关系存续期间所得的财产约定归各自所有的，夫或妻一方对外所负的债务，第三人知道该约定的，以夫或妻一方所有的财产清偿。”建立了相对完善的约定财产制。

实践中须注意夫妻财产约定与赠与合同的关系。《婚姻家庭编解释（一）》第32条规定：“婚前或者婚姻关系存续期间，当事人约定将一方所有的房产赠与另一方或者共有，赠与方在赠与房产变更登记之前撤销赠与，另一方请求判令继续履行的，人民法院可以按照民法典第六百五十八条的规定处理。”根据该条规定，无论夫妻双方约定将一方所有的房产赠与对方的比例是多少，都属于夫妻之间的有效约定，实质上都是一种赠与行为。由此，在办理物权变更登记手续前，赠与人皆可基于合同编关于赠

〔1〕余延满：《亲属法原论》，法律出版社2007年版，第285—286页。

与合同的规定行使其任意撤销权。[1] 如果依照上述解释的精神，婚前或者婚姻关系存续期间，夫妻双方约定将一方所有的财产全部或部分赠与另一方，赠与方在赠与的动产交付或不动产变更登记之前撤销赠与，应当按照合同编赠与合同的规定处理，即一般情况下，赠与方有任意撤销权。但是，我们认为，夫妻之间依财产约定所为的赠与行为与一般的赠与行为不同，带有自身特殊的情感考量，具有浓厚的伦理色彩，不能简单地将其视为单纯的赠与行为，而应一般地维持其效力，不能任意撤销之。

第一千零六十六条　婚姻关系存续期间，有下列情形之一的，夫妻一方可以向人民法院请求分割共同财产：

（一）一方有隐藏、转移、变卖、毁损、挥霍夫妻共同财产或者伪造夫妻共同债务等严重损害夫妻共同财产利益的行为；

（二）一方负有法定扶养义务的人患重大疾病需要医治，另一方不同意支付相关医疗费用。

【要义精解】

本条是关于婚姻关系存续期间分割夫妻共同财产的规定。

依照传统民法理论，共同共有的基础是共同关系，即两人以上因共同目的而结合所成立的法律关系。[2] 因此除非共有关系消灭，否则各共有人原则上不得对共有物进行分割。我国夫妻法定财产制为婚后所得共同制，如果当事人对婚后所得没有约定的，除依法应归属于夫妻一方的财产外，在婚姻关系存续期间夫妻一方所得和双方共同所得的财产均为夫妻的共同财产，归夫妻共同所有。这种共有关系是基于婚姻关系成立的共同共有关系，一般仅在婚姻关系终止或者夫妻双方协商一致的情况下方能分割共同财产，否则单方无权要求分割。

自婚姻家庭立法而言，本条规定是《民法典》新增内容，为一方在婚姻关系存续期间请求分割共同财产提供了法律依据，在理论上属于“非常财产制”的范畴。虽然夫妻双方对于共同财产享有平等的处理权，但从社

---

〔1〕 最高人民法院民事审判第一庭编：《民事审判指导与参考》，人民法院出版社 2016 年版，第 251 页。

〔2〕 谢在全：《民法物权论》，中国政法大学出版社 2000 年版，第 374 页。

会生活层面考量，夫妻共同财产常常是由具体的夫妻一方掌握控制，而在其存在不当管理共同财产或阻止另一方正当管理时，善意的夫妻一方权利如何得到救济？尽管夫妻双方可以通过夫妻财产制约定排除财产共有制，实现物权的重新配置，但这是建立在双方合意基础上的，此时显然难以获得对方同意。夫妻一方面临另一方对共同财产的侵害时，唯有通过离婚财产分割实现权利救济，否则必须承受另一方侵害带来的不利，难谓妥当。[1] 2011 年 7 月 4 日通过的《最高人民法院关于适用〈中华人民共和国婚姻法〉若干问题的解释（三）》（现已失效，以下简称《婚姻法解释（三）》）第 4 条将婚内共同财产分割规则明确规定了下来。在婚姻关系存续期间，不解除婚姻关系的前提下，满足一定条件，夫妻一方可以向法院申请分割共同财产，契合了夫妻财产争议日益增多的社会需要。

根据本条规定，允许分割夫妻共同财产的限制条件非常严格，必须基于以下两种重大事由。

其一，夫妻一方有严重损害夫妻共同财产利益的行为。

一方有隐藏、转移、变卖、毁损、挥霍夫妻共同财产或者伪造夫妻共同债务等严重损害夫妻共同财产利益的行为的，另一方可以向人民法院请求分割共同财产。隐藏，是指为达到非法目的故意将夫妻共同财产隐匿，不让对方知悉。转移，是指将夫妻共同财产转移至第三人名下，造成不属于夫妻共同财产的假象。变卖，是指在对方不知情的情况下，擅自出售夫妻共同财产，且出售所得款项不用于夫妻共同生活。毁损，是指故意毁坏、损害夫妻共同财产。挥霍，是指将夫妻共同财产用于不必要的消费，如不合理的高消费、赌博等。伪造夫妻共同债务，是指虚构夫妻共同债务，通过用夫妻共同财产偿还虚构债务，达到独占夫妻共同财产的目的。

夫妻一方具有上述行为，还需要达到“严重损害夫妻共同财产利益”的程度，判断是否达到“严重”程度，应当结合行为的性质、财产的数额、造成影响的程度等因素综合判定。如果夫妻一方具有上述行为并达到严重程度，另一方可以请求分割夫妻共同财产。

其二，一方负有法定扶养义务的人患重大疾病需要医治，另一方不同意支付相关医疗费用的。正确理解本项规定，需要把握以下几个方面。

---

〔1〕 郭志勇：《论婚内共同财产分割规则的适用——以〈婚姻法司法解释（三）〉第 4 条的解释为中心》，载《太原理工大学学报（社会科学版）》2019 年第 3 期。

第一，本项所规定的“扶养”是广义的扶养，包括抚养、赡养和狭义的扶养。

第二，本项所称“扶养义务”是依照法律规定产生的，而不是仅因伦理道德和个人情感产生的。其包括父母子女之间抚养和赡养的法定义务，特定条件下祖孙之间抚养和赡养的法定义务，特定条件下兄弟姐妹之间法定的扶养义务；弟、妹对兄、姐的扶养义务。

第三，本项所称法定扶养义务为夫妻“一方”所具有，如丈夫对于自己的父母具有法定赡养义务，而妻子没有法定义务。如果双方具有共同的扶养义务，比如对双方共同子女的抚养问题产生争议，则应当通过请求抚养费支付的途径解决，一般不需要分割夫妻共同财产。

第四，被扶养人须患有“重大疾病”。重大疾病的确定应当结合有关诊疗规范、实际病情、医疗费用等进行综合判断。

第五，另一方不同意支付“相关医疗费用”。相关医疗费用是指为治疗疾病需要的必要、合理费用，不包括营养、陪护等费用。[1]

【对照适用】

为了保护夫妻一方的合法权益，各个国家或地区一般都规定了特定情形下夫妻一方可以请求分割共同财产。《日本民法典》第 758 条规定：(1) 夫妻的财产关系，于婚姻申报后，不得变更。(2) 夫妻一方管理他方财产，因管理失当危及该财产时，他方可以请求家庭法院许其自行管理。(3) 对于共有财产，可以与前款请求一起，提出分割请求。我国台湾地区“民法”第 1010 条规定，夫妻之一方有下列各款情形之一时，法院因他方之请求，得宣告改用分别财产制：(1) 依法应给付家庭生活费用而不给付时。(2) 夫或妻之财产不足清偿其债务时。(3) 依法应得他方同意所为之财产处分，他方无正当理由拒绝同意时。(4) 有管理权之一方对于共同财产之管理显有不当，经他方请求改善而不改善时。(5) 因不当减少其婚后财产，而对他方剩余财产分配请求权有侵害之虞时。

在婚姻关系存续期间，夫妻共同财产，应以不允许分割为原则，允许分割为例外。对夫妻共同财产原则上不能进行分割，以保持婚姻关系的存

〔1〕 最高人民法院民事审判第一庭编著：《最高人民法院婚姻法司法解释（三）理解与适用》，人民法院出版社 2015 年版，第 86 页。

续基础和稳定性，保护共有人的合法权益。适用本条规定时要严格把握这一原则，将允许分割的情形仅限定在本条规定的两种情形内，不能类推适用，亦不能扩大解释，避免婚姻关系存续期间随意分割夫妻共同财产，损害家庭稳定，影响夫妻共同财产的保障功能。为此，《婚姻家庭编解释（一）》第38条规定："婚姻关系存续期间，除民法典第一千零六十六条规定情形以外，夫妻一方请求分割共同财产的，人民法院不予支持。"

另外，夫妻一方请求婚内财产分割，必须通过诉讼方式，请求人民法院进行分割。在法院主持分割时，应注意不能损害债权人的利益，尤其应防止出现夫妻双方恶意串通，损害债权人的情况。当然，对于无主观恶意目的的婚内共同财产分割，即使减损了债权人可受清偿的责任财产，但并不构成对债权人利益之损害。因为正常交易中债务人责任财产本就处于动态变化中，这是订立债权债务关系时债权人可以预见到的正常风险。[1]

第二节　父母子女关系和其他近亲属关系

第一千零六十七条　父母不履行抚养义务的，未成年子女或者不能独立生活的成年子女，有要求父母给付抚养费的权利。

成年子女不履行赡养义务的，缺乏劳动能力或者生活困难的父母，有要求成年子女给付赡养费的权利。

【要义精解】

本条是关于父母对子女的抚养义务和子女对父母的赡养义务的规定。

父母子女关系即亲子关系，是基于一定的法律事实产生的、父母子女之间的法律上的权利义务关系。它可以分为两类：一是自然血亲的父母子女关系，基于子女出生的法律事实发生，既包括婚生父母子女关系，也包括非婚生父母子女关系。自然血亲的父母子女关系，不能自行解除，只能因依法送养或一方死亡而终止。二是拟制血亲的父母子女关系，包括基于依法收养形成的养父母子女关系、基于扶养事实形成的继父母子女关系。

---

〔1〕郭志勇：《论婚内共同财产分割规则的适用——以〈婚姻法司法解释（三）〉第4条的解释为中心》，载《太原理工大学学报（社会科学版）》2019年第3期。

父母子女关系是最为重要的身份关系，法律规定具有高度的强制性。

一、父母对子女的抚养义务

抚养，是指父母从物质上供养子女、日常生活中照料子女，保障子女的生存，使子女得以健康成长。抚养义务的内容主要有以下两个方面：给付抚养费，包括生活费、教育费、医疗费；日常生活中照料。

法律对于父母的抚养义务划定了一个边界，而划定的标准结合了形式与实质的双重维度。[1] 抚养的对象包括以下两类子女：（1）未成年子女，即不满18周岁的子女。父母对未成年子女的抚养义务是无条件的，任何情况都不能免除，即使父母离婚后仍然要承担抚养义务。但是，16周岁以上不满18周岁，以其劳动收入为主要生活来源，并能维持当地一般生活水平的，父母可以停止给付抚养费。（2）特定的成年子女。父母对成年子女的抚养义务是有条件的：第一，成年子女不能独立生活的。司法实践中一般是指以下两种：一是尚在校接受高中或高中以下学历教育的成年子女，二是因丧失、部分丧失劳动力等非主观原因而无法维持正常生活的子女。第二，父母有抚养的能力，即父母维持自己的基本生活后尚有余力。

父母不履行抚养义务的，未成年子女或者不能独立生活的成年子女可以请求父母给付抚养费，向法院提起给付之诉。此处的抚养费包括生活费、教育费、医疗费等必要费用。抚养费数额、给付的期限和方法，可以按照《婚姻家庭编解释（一）》的相关规定予以确定：抚养费的数额，可以根据子女的实际需要、父母双方的负担能力和当地的实际生活水平确定。有固定收入的，抚养费一般可以按其月总收入的百分之二十至三十的比例给付。负担两个以上子女抚养费的，比例可以适当提高，但一般不得超过月总收入的百分之五十。无固定收入的，抚养费的数额可以依据当年总收入或者同行业平均收入，参照上述比例确定。有特殊情况的，可以适当提高或者降低上述比例。抚养费应当定期给付，有条件的可以一次性给付。

成年子女因为主观原因如拒不参加劳动等，不能满足自己生活的，父母没有继续抚养的义务。

二、子女对父母的赡养义务

子女对父母的赡养主要是指成年子女对父母进行经济上的供养、生活上的照料和精神上的慰藉。根据法律有关规定，子女对父母赡养义务的具

[1] 侯学宾：《抚养义务的边界》，载《检察日报》2018年12月19日，第007版。

体内容包括以下几个方面：（1）赡养人应当履行对老年人经济上供养、生活上照顾和精神上慰藉的义务，照顾老年人的特殊需要；（2）赡养人对患病的老年人应当提供医疗费用和护理；（3）赡养人应当妥善安排老年人住房，不得强迫老年人迁居条件低劣的房屋；（4）赡养人有义务耕种老年人承包的田地，照管老年人的林木和牲畜等，收益归老年人所有。赡养费包括基本生活费用、医疗费用、生活不能自理时的护理费用。[1] 所以，成年子女对父母的赡养义务不仅仅是给付赡养费，而是具有多方面的内容。

本条对赡养法律关系的主体和赡养费支付条件进行了规定。赡养义务人为成年子女，赡养费支付请求权人为缺乏劳动能力或者生活困难的父母。

【对照适用】

父母子女关系是最为亲近、至关重要的亲属关系，其所负的抚养和赡养义务在原则上都是无条件的法定义务，各国法律都极为重视。只不过在立法中的规范有所不同，比如，《日本民法典》专设“扶养”一章对广义的扶养作出整体性规范，而我国《民法典》则是在父母子女关系中规定彼此之间的抚养和赡养义务，更方便法律适用。

本条在适用过程中可能引起争议的问题主要有以下两类情况。

第一，已经成年的在校大学生是否有权要求父母给付抚养费？对于很多中国父母来说，孩子升入大学是人生大事，甚至是改变整个家庭命运的机会，父母供给子女上大学的学费、生活费等是一件天经地义的事情，哪怕为此付出再多也在所不惜。在司法实践中，对于在校成年大学生起诉父母索要抚养费的相似案件，不同法院的判决往往截然不同。[2] 从《民法典》规定和司法实践来看，很难将已经成年的在校大学生归入“不能独立生活的成年子女”之列，其抚养请求权很难获得支持。根据《婚姻家庭编解释（一）》第41条规定，“不能独立生活的成年子女”是指尚在校接受高中及其以下学历教育，或者丧失、部分丧失劳动能力等非因主观原因而无法维持正常生活的成年子女。成年的在校大学生一般也具有完全劳动能

〔1〕房绍坤、范李瑛、张洪波编著：《婚姻家庭继承法》，中国人民大学出版社2020年版，第116页。

〔2〕杨波：《论成年在校大学生对父母的抚养费请求权——兼记〈婚姻法司法解释（一）〉第20条的缺陷与完善》，载《行政与法》2012年第5期。

力，通过课余时间勤工俭学、假期打工、助学贷款等也可以维持正常的学习和生活。在此情况下出现了法律与现实的脱节，值得仔细考虑。

第二，在父母具有劳动能力、生活也不困难的情况下，是否有要求子女付给赡养费的权利？我们认为，根据对该规定的文义解释，赡养费的请求权主体是缺乏劳动能力或者生活困难的父母，反面解释则为：如果父母不缺乏劳动能力或者生活不困难，则不具有请求子女给付赡养费的权利。在司法实践中大多数法院也基本持此观点，对于有生活来源的父母提出的给付赡养费的诉讼请求，人民法院往往以不具备生活困难的条件为由不予支持。但是，我们绝对不能认为成年子女对具有劳动能力、生活不困难的父母没有赡养义务。因为赡养义务是多方面的，赡养费的支付是子女对父母履行赡养义务的内容之一，而不是全部内容，也不是唯一内容。此时，子女虽不承担支付赡养费的义务，但仍须承担生活照料、精神慰藉的义务，应当经常性地探望父母，与父母进行感情交流。

另外，赡养义务是一项无条件的法定义务，子女不得以父母对自己未尽抚养义务或者以放弃继承权为由拒绝履行赡养义务。

第一千零六十八条　父母有教育、保护未成年子女的权利和义务。未成年子女造成他人损害的，父母应当依法承担民事责任。

【要义精解】

本条是关于父母教育、保护未成年子女的权利义务的规定。

大陆法系传统上区分亲权与监护，亲权是父母对未成年子女以教育、保护为目的，在人身和财产方面权利和义务的统一。[1] 父母对未成年子女的教育、保护，是“亲权”的重要内容。我国《民法典》借鉴英美法系做法，没有规定亲权制度，而是建立了统一的监护制度。父母是未成年子女的监护人，代理未成年子女实施民事法律行为，保护未成年子女的人身权利、财产权利以及其他合法权益。同时又规定父母对未成年子女负有抚养、教育和保护的义务。我国法律通过规定监护制度以及父母对未成年子女的义务，实质上实现了亲权制度的功能。

从法律发展史来看，无论是古代西方还是东方，亲权都是一种家父对

〔1〕 魏振瀛主编：《民法》，北京大学出版社 2017 年版，第 63 页。

子女的完全支配权。“家父拥有几乎不受任何限制的处刑和惩罚的权力；他规定家庭的生活方式，并且可以决定家子何时可以脱离父权支配，即儿子何时可以建立自己的家庭，女儿何时可以结婚。”[1] 现代民法已经不再承认亲权具有支配权能，而是强调保护、照顾是亲权的核心权能。“在现行的《法国民法典》中，父母对于未成年子女的亲权已没有家长权、支配权的品质，除仍沿用亲权这一制度术语外，在实质内容上主要表现为父母对于未成年子女的照顾、保护。”[2] 为了彻底剔除亲权一语中隐含的父母支配子女的意义，德国民法用父母照顾权取代了亲权。我国《民法典》和相关法律规定父母对未成年子女必须进行教育和保护，有利于保障子女的人身安全和健康成长，也可防止未成年子女损害他人和社会的利益，及时矫正不良行为。

未成年子女造成他人损害的，父母应当依法承担民事责任。此处的“依法”指向的是《民法典》第1188条规定的监护责任：“无民事行为能力人、限制民事行为能力人造成他人损害的，由监护人承担侵权责任。监护人尽到监护职责的，可以减轻其侵权责任。有财产的无民事行为能力人、限制民事行为能力人造成他人损害的，从本人财产中支付赔偿费用；不足部分，由监护人赔偿。”关于监护责任的解释和适用，将在侵权责任编具体展开。

在调整父母子女关系方面，需要坚持和贯彻子女最佳利益原则。子女最佳利益原则又称儿童最佳利益原则，是由世界上最重要的保护儿童权利之纲领性法律文献——《儿童权利公约》（以下简称《公约》）确立的。它目前已经是两大法系国家民事亲权立法所遵循的首要基本原则。儿童最佳利益原则在亲权制度中的确立导致亲权属性为之一变，由民法上的私权利义务转变为兼具私权利义务与社会权利义务属性的新型权利。[3] 在强化父母监护责任的同时，加强社会监督和国家干预，更好地保护未成年子女的利益。

【对照适用】

对于父母与未成年子女的权利义务关系，在大陆法系国家的民法典中

[1] [德] 迪特尔·施瓦布：《德国家庭法》，王葆莳译，法律出版社2010年版，第257页。

[2] 王丽萍：《亲子法研究》，法律出版社2004年版，第29—30页。

[3] 肖新喜：《亲权社会化及其民法典应对》，载《法商研究》2017年第2期。

大多规定了详尽的亲权制度，如《日本民法典》中专门设有“亲权”一章。比较而言，我国《民法典》父母子女关系的相关规则简洁通俗，颇具特色。

本条在适用时，需要结合总则编关于未成年人监护的规定、本编关于夫妻关系和父母子女关系的其他规定、侵权责任编相关规定，以及《未成年人保护法》等相关法律规定，准确认定父母对未成年子女的权利、义务和责任的范围。

第一千零六十九条　子女应当尊重父母的婚姻权利，不得干涉父母离婚、再婚以及婚后的生活。子女对父母的赡养义务，不因父母的婚姻关系变化而终止。

【要义精解】

本条是关于子女应当尊重父母的婚姻权利的规定。

婚姻自由权是一项基本权利，属于每一个符合相应条件的公民。本条规定的主要立法目的在于保障老年人的婚姻自由权，无论父母离婚或是再婚，子女应当尊重，不得干涉，更不能因此拒绝履行赡养义务。尊重老年人的婚姻自由，是社会文明进步的重要体现。我国《老年人权益保障法》第21条规定：“老年人的婚姻自由受法律保护。子女或者其他亲属不得干涉老年人离婚、再婚及婚后的生活。赡养人的赡养义务不因老年人的婚姻关系变化而消除。”现实生活中，受落后的传统观念束缚，老年人的婚姻自由没有得到充分保障，老年人离婚、再婚面临诸多障碍，其中子女干涉是比较常见的原因。

其一，父母的婚姻自由受法律保护，无论离婚或再婚，子女应当充分尊重父母的选择。第一，子女不得干涉父母离婚。父母的婚姻是否幸福、感情是否破裂，婚姻关系当事人最为清楚，若父母决定离婚的，子女可以进行沟通劝解，但不得干涉和阻挠。第二，子女不得干涉父母再婚。若父母离婚或者一方去世，是否再婚、与谁结婚应由父母自主决定，子女不得干涉、阻挠，尤其不能以不履行赡养义务相威胁。第三，子女不得干涉父母再婚后的生活。父母再婚后的生活应由父母自主决定，子女不能越俎代庖、强行干涉。

其二，子女对父母的赡养义务不因父母的婚姻关系变化而终止。成年子女对父母的赡养义务是无条件的法定义务。而且，这种赡养义务是无期限的，只要父母在世且需要赡养，子女就应当履行这一义务。如果父母缺乏劳动能力或者生活困难，子女就应当履行支付赡养费这一义务，不得另外附加条件、课加要求。所以子女不能因父母再婚而不尽赡养义务，否则父母有权要求子女给付赡养费。

【对照适用】

本条是一项非常有中国特色的规定，也较为原则，在法律适用过程中，应结合相关法律规定明确子女干涉行为的性质和责任。子女干涉父母婚姻，首先，侵犯的是父母的婚姻自主权，应承担相应的侵权责任。其次，若以暴力手段干涉婚姻的，还可能构成暴力干涉婚姻自由罪，需要承担刑事责任。再次，子女因此拒绝支付赡养费的，父母可提起诉讼，请求子女支付赡养费。最后，子女拒绝赡养父母情节恶劣的，还可能构成遗弃罪。

第一千零七十条　父母和子女有相互继承遗产的权利。

【要义精解】

本条是关于父母和子女相互之间有继承权的规定。

血脉和财产的传承是人类的本能，也具有重要的社会意义。继承是财产所有人死亡或被宣告死亡之时起，依法将死者生前所有，死后遗留下来的个人合法财产转移给他人所有的法律制度。继承人何以取得遗产？因为其与被继承人之间存在特定的亲属关系，而且亲属关系越近，继承的顺序越优先。父母子女为至亲之人，除相互之间的抚养和赡养外，父母和子女之间相互有取得彼此遗产的权利，亦属情理。依据《民法典》第1127条规定，配偶、子女、父母均为第一顺序法定继承人。即父母、子女互为第一顺序继承人。继承开始后，由第一顺序继承人继承，第二顺序继承人不继承。没有第一顺序继承人继承的，由第二顺序继承人继承。准确理解本条的关键是明确“子女”和“父母”的具体范围。

一、子女

子女是被继承人最近的直系血亲。子女包括婚生子女、非婚生子女、有扶养关系的继子女和养子女。

婚生子女是在合法婚姻关系期间受孕或所生育的子女。婚生子女，不论是儿子还是女儿，不论是随父姓还是随母姓，不论是已婚还是未婚，都有继承父母遗产的权利。

非婚生子女是没有合法婚姻关系的男女所生育的子女。《民法典》第1071条第1款规定：“非婚生子女享有与婚生子女同等的权利，任何组织或者个人不得加以危害和歧视。”非婚生子女有继承父母遗产的平等权利。

继子女是指妻与前夫或者夫与前妻所生的子女。继子女与继父母，是因其父母一方死亡、另一方再婚或者父母双方离婚后一方再婚而形成的一种亲属关系。并非所有继子女都可以继承继父母的遗产，继子女能否享有继承权，取决于他们之间是否形成事实上的抚养教育关系。《民法典》第1072条第2款规定：“继父或者继母和受其抚养教育的继子女间的权利义务关系，适用本法关于父母子女关系的规定。”

养子女是指被收养的子女。《民法典》第1105条第1款规定：“收养应当向县级以上人民政府民政部门登记。收养关系自登记之日起成立。”收养关系成立后，养父母和养子女之间成立拟制的血亲关系，但养子女与其亲生父母之间的权利义务关系被依法解除，不再具有法律上的父母子女关系。

二、父母

父母包括生父母、养父母和有扶养关系的继父母。在遗产继承方面，生父母、养父母和有扶养关系的继父母，均有对其亲生子女、养子女和有扶养关系的继子女遗产的继承权。因父母子女有对应关系，在此不再一一介绍。在父母作为子女财产继承人方面，民法典继承编规定父母为第一顺序继承人。但是，有学者指出，按照遗产流转方向和人的生死规律，父母继承子女的遗产较为少见，同时也须防止遗产向旁系血亲流转，遗产由被继承人的兄弟姐妹及其子女继承，因而使财产落入甥侄子女手中，故父母应作为第二顺序继承人。在子女或者孙子女、外孙子女存在时，父母不继承，这并不违反中国的孝道原则，也并非违反子女对父母的赡养原则，并且世界上主要国家和地区的继承法都规定父母是第二顺序继承人。[1]

【对照适用】

由于不同的历史文化传统，各国立法在继承人的范围、顺序和份额等

〔1〕 杨立新：《民法分则继承编立法研究》，载《中国法学》2017年第2期。

方面难免有所差异，但现代社会的家庭结构日趋简单化，亲子之间的继承关系成为继承制度的核心。各国一般都规定子女作为父母最优顺位继承人，而父母作为子女的继承人顺位方面，一般列为次优的顺位，如《日本民法典》。我国《民法典》保留自1985年《继承法》以来的法定继承人范围和顺序，将父母、子女、配偶同列为第一顺序继承人。

在法律适用中须注意的是，继子女继承了继父母遗产的，不影响其继承生父母的遗产，即继子女享有所谓“双重继承权”。继父母继承了继子女遗产的，当然也不影响其继承生子女的遗产。养子女对养父母遗产享有继承权，同时，养子女和生父母之间的权利义务，因收养的成立而消除，不能继承生父母的遗产。

另外，本条规定只适用于法定继承，如果死者生前立有合法有效遗嘱的，应当先执行遗嘱，即遗嘱继承优先于法定继承。

第一千零七十一条　非婚生子女享有与婚生子女同等的权利，任何组织或者个人不得加以危害和歧视。

不直接抚养非婚生子女的生父或者生母，应当负担未成年子女或者不能独立生活的成年子女的抚养费。

【要义精解】

本条是关于非婚生子女法律地位的规定。

非婚生子女是婚生子女的对称，是指没有婚姻关系的男女所生的子女，即在登记婚姻或者法律承认的事实婚姻外所生的子女。非婚生子女包括：未婚男女所生子女、已婚男女与第三人所生子女、无效婚姻和被撤销婚姻当事人所生子女、妇女被强奸后所生的子女等。非婚生子女和父母之间也存在血缘关系，造成非婚生的原因在于父母，不应由子女承担不利法律后果，所以在法律地位上非婚生子女不应和婚生子女有所区别。为切实保护非婚生子女的利益，依据《民法典》本条的规定，非婚生子女与婚生子女的地位完全相同，法律有关父母子女间的权利和义务，同样适用于非婚生父母子女之间。

在现行的法律制度下，关于非婚生子女地位婚生化的做法是：基于分娩的事实，非婚生子女与生母之间的关系一般无须加以特别地证明，非婚生子女按生母的婚生子女对待。非婚生子女与生父之间的关系，一般有两种情况：一是由生父自愿表示认领，二是强制认领。生母指认该子女的生父为其丈夫以外的第三人而遭否认时，生母可向人民法院提起确认生父之诉。根据《民法典》第1073条的规定，对亲子关系有异议且有正当理由的，父或者母以及成年子女可以向人民法院提起诉讼，请求确认亲子关系。人民法院根据当事人提供的证据加以确认；在必要时，可委托有关部门进行亲子鉴定。当事人一方起诉请求确认亲子关系，并提供必要证据予以证明，另一方没有相反证据又拒绝做亲子鉴定的，人民法院可以推定请求确认亲子关系一方的主张成立。生父的身份通过认领被确认后，即和生母一样负有对非婚生子女的抚养义务。对于不履行抚养义务的生父母，非婚生子女有要求给付抚养费的权利。

从世界范围来看，立法上对于非婚生子女的态度，有从歧视到平等保护的过程。目前，在绝大多数国家，无论婚生子女还是非婚生子女，其与父母的权利义务关系是一样的，并不区别对待。在“子女本位”的立法理念下，有些国家的法典不再使用“婚生子女”与“非婚生子女”的名词。如1998年修正后的《德国民法典》亲属编、1960年《埃塞俄比亚民法典》、1986年《越南婚姻家庭法》中均不再出现“非婚生子女”一词。[1]我国《民法典》中虽然沿用“非婚生子女”的称谓，但毫无疑问只是历史形成一个描述性的词汇。依据本条规定，包含以下三层意义。

第一，非婚生子女和婚生子女具有相同的法律地位。在我国，非婚生子女和婚生子女享有同等权利，有关父母子女关系的规定同样适用于非婚生子女，具体包括以下几个方面：（1）父母对非婚生子女有抚养、教育和保护的权利和义务。父母对子女的这种权利义务是依据出生的事实、基于亲子关系产生，无论是婚生子女还是非婚生子女，父母都应履行相应义务。相应地，非婚生子女和父母的其他近亲属间，如祖孙之间、兄弟姐妹之间，亦享有和婚生子女同等的权利义务。（2）非婚生子女成年后对父母有赡养义务，对缺乏劳动能力或生活困难的父母有支付赡养费的义务。（3）父母与非婚生子女之间有相互继承遗产的权利，前已述及。

第二，任何组织或个人对非婚生子女不得加以危害和歧视。对非婚生子女的危害和歧视可能来自家庭也可能来自社会，都会对非婚生子女的成

〔1〕王丽萍：《关于民法典中亲子关系的立法思考》，载《上海政法学院学报（法治论丛）》2019年第2期。

长产生不利影响。如生父不承认其生父身份，拒绝确认亲子关系和承担抚养义务，或者其他兄弟姐妹拒绝其参与遗产继承。另外，出于社会偏见和制度漏洞，某些组织或个人也可能会存在歧视，本条规定要求社会对非婚生子女的隐私予以尊重和保护，给予非婚生子女良好的成长环境，有关组织也应改进相关制度和工作方法，依法保障非婚生子女的合法权益。

第三，父母对非婚生子女具有抚养义务。父母对未成年的非婚生子女，或者不能独立生活的非婚生子女有抚养义务，对于不与非婚生子女共同生活的非直接抚养方，其履行抚养义务的形式主要为支付抚养费。与大多数国家不同，我国法律没有规定非婚生子女的准正和认领制度，但在《民法典》第 1073 条规定了亲子关系的确认制度。如果亲子关系得到确认，非婚生子女可诉未尽抚养义务的生父或生母支付抚养费、承担抚养义务。自子女出生时始，若父母一方未对非婚生子女承担过抚养义务，子女有权向未直接抚养方追索自出生后的抚养费，并可就将来预计应当发生的抚养费用一并予以主张。

【对照适用】

在各国历史上，非婚生子女无论在法律上还是在实际生活中均遭受歧视。近代社会对于非婚生子女的态度已有了很大转变，但早期资本主义国家的立法仍然对非婚生子女加以歧视。例如，英国普通法规定，非婚生子女不属于任何人的子女，其父不负有抚养义务；1804 年的《法国民法典》规定，非婚生子女不得请求其父认领，非婚生子女不得主张婚生子女的权利，非婚生子女不得为继承人。20 世纪以来，很多国家通过准正和认领的程序，使非婚生子女婚生化，强化了对于非婚生子女的法律保护。

“我国对于非婚生子女，与基督教不同，一向不甚鄙视。盖我国以往特别重视宗及家的存续，为绵延血统，维持家名，必赖有子嗣，最好是多子多孙，故泛许缔结婚姻外之性关系以达其目的。”〔1〕新中国成立后，1950 年《婚姻法》确立了保护妇女和子女合法利益的婚姻制度，赋予了非婚生子女与婚生子女相同的权利和义务，该法第 15 条规定：“非婚生子女

〔1〕陈棋炎、郭振恭、黄宗乐：《民法亲属新论》，中国台湾地区三民书局 1990 年版，第 269 页。

享受与婚生子女同等的权利，任何人不得加以危害或歧视。非婚生子女经生母或其他人证物证证明其生父者，其生父应负担子女必需的生活费和教育费全部或一部；直至子女十八岁为止。如经生母同意，生父可将子女领回抚养。生母和他人结婚，原生子女的抚养，适用第二十二条的规定。”从此确立了非婚生子女与婚生子女平等保护的制度。

在适用本条规定时，应注意结合《民法典》第1073条规定的亲子关系确认制度，只有亲子关系得到确认的，非婚生子女方可诉请生父或生母承担抚养义务。

第一千零七十二条　继父母与继子女间，不得虐待或者歧视。

继父或者继母和受其抚养教育的继子女间的权利义务关系，适用本法关于父母子女关系的规定。

【要义精解】

本条是关于继父母和继子女之间权利义务的规定。

继父母子女关系是由于父或母再婚而形成的姻亲关系。继子女是指夫与前妻或妻与前夫所生的子女，继父母是指父之后妻或母之后夫。继父母与继子女关系产生的情形有两种：一是由于父母一方死亡，他方再行结婚；二是由于父母离婚，父或母再行结婚。子女对父母的再婚配偶称为继父母，夫或妻对其再婚配偶的子女称为继子女。

随着经济社会的发展，多元化的价值观念对传统的伦理道德产生巨大的冲击，我国离婚率持续走高，再婚重组家庭不断增多。自社会现实生活而言，继父母子女关系一般可分为三种情形：第一，父或母再婚时，继子女成年并已独立生活；第二，父或母再婚后，未成年的或未独立生活的继子女未与继父母共同生活或未受其抚养、教育；第三，父或母再婚后，未成年的或未独立生活的继子女与继父母长期共同生活，继父或继母对其进行了抚养、教育。从法律标准来看，一般前两种情形下双方没有形成抚养或赡养关系，不构成法律上的父母子女关系，只是一种姻亲关系；在第三种情形下，双方形成抚养教育关系，构成法律上的父母子女关系。

形成抚养关系的继父母与继子女之间属于法律上的拟制血亲，他们之间具有与自然血亲的父母子女间相同的权利和义务。与此同时，该继子女与没有和其共同生活的生父或生母的关系仍然存在，他们之间自然血亲的父母子女关系并不因未在一起共同生活而消除。这样，此类继子女就具有双重法律地位：一方面，与生父母保持着父母子女间的权利和义务关系；另一方面，与抚养自己的继父或继母又形成拟制血亲的父母子女间的权利和义务关系。所以，此类继子女享有双重权利，负有双重义务。

不得虐待或歧视，是对所有的继父母和继子女而言的，即不论是否成立拟制血亲关系，相互之间都不能虐待或歧视。对继父母而言，尤其是在继父母本身有亲生子女的情形下，不能因为自己和继子女之间不存在血缘关系，就在抚养教育方面对继子女和亲生子女区别对待，对继子女有歧视。不得虐待，即继子女未成年或不能独立生活时，继父母不得虐待继子女；继父母年老后，继子女也不得虐待继父母。

【对照适用】

新中国成立后，1950 年《婚姻法》虽然没有提出“继子女”的称谓，但在第 16 条规定“夫对于其妻所抚养与前夫所生的子女或妻对于其夫所抚养与前妻所生的子女，不得虐待或歧视”。1980 年《婚姻法》第 21 条第 1 款明确规定：“继父母与继子女间，不得虐待或歧视。”在国外立法例中，继父母子女关系一般情况下只作为普通姻亲关系对待，但一般也规定在特定情形下继父母具有抚养继子女的法律义务。

在实践中，继父或继母经继子女的生父母同意，可以收养继子女。通过收养行为，成立拟制血亲，继父或继母与继子女之间转化为养父母子女关系。该子女与不直接抚养自己的生父或生母间的权利义务消灭。

实践中处理继父母子女关系的主要难点是关于“受其抚养教育”的认定，我国立法对认定标准没有规定，理论上有不同的认识，实践中亦有较大争议。司法实践中结合具体案情注意以下方面：第一，受抚养教育的主体应限于未成年继子女或者虽成年但不能独立生活的继子女，如果是已经成年且能独立生活的继子女，则不享有要求父母进行抚养的权利，自然也谈不上抚养教育问题，继父母子女之间一般不会产生法律上的父母子女关系。第二，受抚养教育的方式可以多样，继父母对继子女进行了生活上的照料、教育和经济上的供养，可以认定为进行了抚养教育。第三，抚养教育应经过一定的期间，至少具有数年的时间，继父母担任父母角色的时间足够长以和孩子之间建立紧密、依赖性的亲子关系，才可体现继父母子女之间抚养、赡养、继承等权利义务的对等性。

实践中很多法官在判断关系是否形成时，往往将“居住在一起”作为判断的核心要素，只要有证据证明继父母与继子女满足“共同居住”这一要素，就可以推导出继父母事实上扮演了“父母”这一角色，承担了相应的责任。[1] 这是极为片面的做法，应当结合上述因素综合认定。

第一千零七十三条 对亲子关系有异议且有正当理由的，父或者母可以向人民法院提起诉讼，请求确认或者否认亲子关系。

对亲子关系有异议且有正当理由的，成年子女可以向人民法院提起诉讼，请求确认亲子关系。

【要义精解】

本条是关于亲子关系异议之诉的规定。

亲子关系即父母子女关系，承载着重要的社会伦理价值，是家庭关系的核心。亲子关系的产生基于子女出生的事实或者基于法律的认可，即亲子关系包括自然血亲和拟制血亲。拟制血亲包括养父母养子女关系和形成抚养教育关系的继父母继子女关系。其成立与否，以是否符合法律规定的成立要件进行判断：收养关系是否成立，以是否进行合法收养登记为判断要件；继父母继子女之间是否成立拟制血亲关系，以是否形成了抚养教育关系为判断要件。

本条所涉及的亲子关系产生争议是针对自然血亲而言，包括确认事实存在但尚未明确的亲子关系和否认已经形成但事实上不存在的亲子关系。实践中，因母亲可由子女出生的事实加以确定，故是否存在血缘关系，主要是确定子女的生父。生父的确定只能通过血缘关系判定。血缘关系的判定方法，随着科技进步在不断改进，现在人们已经可用DNA鉴定来确定亲子关系，准确率接近100%。为防止亲子鉴定的滥用，维护婚姻家庭的和谐稳定，很多国家或地区的立法确立了婚生子女的推定制度，即在母亲婚姻关系存续期间受胎或者出生的子女，推定其母亲的丈夫就是其生父。同

---

〔1〕 王洪：《婚姻家庭法》，法律出版社2003年版，第240页。

时，为了保护真实的血缘关系，又赋予了一定范围的主体否认该子女与所推定的生父之间血缘关系的诉讼请求权，即婚生子女的否认制度。与此同时，对于非婚生子女，也赋予了一定范围的主体确认该子女与自己或被告之间存在血缘关系的诉讼请求权，即非婚生子女的认领制度。本条在立法层面首次对亲子关系的确认和否认作出规定。

本条确立亲子关系的确认与否定之诉的基本规则，即父母和成年子女均可请求确认亲子关系，只有父母才可请求否认亲子关系。其立法理由主要是：第一，亲子关系作为产生父母子女间权利义务的身份前提，其安定性对未成年人的权利保护至关重要。故亲子关系的确认与否认均应符合儿童最大利益原则。在婚姻家庭观念多元化和性道德较为宽容的时代背景下，青年非婚同居、婚外性行为的增多使在无婚姻关系中出生的子女对亲子关系确认的需求越发明显。但此前我国原《婚姻法》未规定亲子关系的确认与否定之诉规则，导致司法实践中存在确定亲子关系的裁判规则不统一的问题。第二，虽《婚姻法解释（三）》第2条从程序性规则的角度规定了亲子关系异议之诉，但其未对亲子关系否认权主体进行合理限制，且亲子关系存在与否的推定规则尚存不足，无法满足司法实践的需要。第三，从域外立法看，由于社会经济基础、民族文化传统、社会习惯等因素的差异，对血缘关系的真实性和亲子关系的稳定性之立法价值取向不同，各国关于亲子关系否认权的主体范围不一，且各有利弊。因此，在结合现实需求和借鉴域外立法经验基础上，在坚持男女平等和子女本位的理念下，婚姻家庭编新增了亲子关系之诉的权利主体，包括确认之诉的权利主体为父母和成年子女；否认之诉的主体为父母。这填补了亲子关系确认与否认的立法空白，兼顾维护亲子关系的安定性和追求血缘关系的真实性，符合儿童最大利益原则。[1]

一、亲子关系确认之诉

本条对于亲子关系确认之诉的原告范围作出规定，限于父亲、母亲和成年子女。父亲提起亲子关系确认之诉，主要是指生父自愿认可亲子关系的情形。母亲提起亲子关系确认之诉，主要是指生父不愿意认可亲子关系，生母以生父为被告提起诉讼，请求法院确认子女和生父之间存在亲子

---

〔1〕陈苇、贺海燕：《论中国民法典婚姻家庭编的立法理念与制度新规》，载《河北法学》2021年第1期。

关系的情形。此外，父亲或母亲提起亲子关系确认之诉，实践中还包括孩子被抱错，或者被社会福利机构领养，或者和父母离散，父母请求确认自己和孩子之间存在亲子关系的情形。成年子女提起亲子关系确认之诉，主要是指以生父为被告，请求确认亲子关系的情形，也包括弃婴或者父母离散的子女以生父或生母为被告提起的诉讼。本条规定的原告范围没有包括未成年子女，是因为未成年子女没有完全的民事行为能力和诉讼行为能力，可以由母亲或父亲作为原告提出。

二、亲子关系否认之诉

婚姻关系存续期间出生的子女一般应认定为婚生子女，但现实生活中，确实有婚生子女实际上是婚外性关系所生的情况。亲子关系否认之诉，即原告向法院起诉，请求确认自己和子女之间不存在亲子关系，比如丈夫提起诉讼，请求确认自己与妻子所生子女之间没有亲子关系。对于可提起亲子关系否认之诉的主体，本条规定将原告范围限定为父亲和母亲，将成年子女和其他主体都排除在外。可如此理解：第一，法律上的亲子关系应以真实的血缘关系为基础，故应允许法律意义上的父或母提起诉讼，确定子女的生父和生母。第二，应兼顾亲子关系的安定性，在当事人之间已发生了亲情和亲子关系的社会事实的情况下，从保护儿童最大利益原则出发，应限制当事人以外的人否认亲子关系，故不允许子女法律意义上的父或母之外的第三人作为原告提起诉讼。第三，父母抚养子女成年后，子女应当负有赡养义务，为防止出现成年子女否认亲子关系后不再对原法律意义上的父母承担赡养义务的情形，成年子女不可作为原告提起亲子关系否认之诉。[1]

【对照适用】

对于亲子关系，大多数国家和地区规定了婚生子女推定和否认制度，也规定了非婚生子女的认领制度，从我国《民法典》的规定来看，虽然没有明确系统的规定，但本条着眼于诉讼实践，基本能够实现解决亲子关系争议的制度功能。在适用本条规定时，应注意以下问题。

一方面，亲子关系的确认和否认，直接影响到婚姻家庭和社会的稳

〔1〕最高人民法院民事审判第一庭编著：《最高人民法院婚姻法司法解释（三）理解与适用》，人民法院出版社2015年版，第221页。

定，原告请求确认或否认亲子关系，应当提供充分证据予以证明。请求确认亲子关系，一般应当提供亲子鉴定报告等可证明血缘关系存在的证据，但原告能够提供必要证据予以证明亲子关系存在，另一方没有相反证据又拒绝做亲子鉴定的，可以推定原告的主张成立。请求否认亲子关系，一般应当提供证据证明存在下列情形之一：一是夫妻在妻受胎期间没有同居的事实；二是夫有生理缺陷或没有生育能力，包括时间不能、空间不能、生理不能等；三是子女和其他人存在血缘关系。如《意大利民法典》第235条规定，丈夫可以通过未曾同居、生殖不能等适当的证明排除生父身份；在英国，如能证明丈夫不能人道，或在子女可能受胎的时期不在，通过亲子鉴定等，则可对婚生推定提出否认，证实该丈夫不是子女的父亲；美国《统一父母身份法案》规定，夫妻分居不可能发生性关系，可以作为否认亲子关系存在的证据。[1]

另一方面，亲子关系被否认后，抚养费的返还和精神损害赔偿问题。亲子关系被否认后，原法律意义上的父亲对该子女自始不具有法律上的抚养义务，其与该子女在否认前的抚养关系，可能构成“欺诈性抚养关系”。欺诈性抚养这一概念，并没有在我国现行法律体系中正式出现过，而是基于理论研究和司法实践的不断运用，从而被广泛接受和使用。[2] 杨立新教授将欺诈性抚养界定为：“在婚姻关系存续期间乃至离婚以后，妻明知其在婚姻关系存续期间所生子女为非婚生子女，而采取欺诈手段，称其为婚生子女，使夫承担对该子女的抚养义务。”[3] 并提出按侵权法律关系来界定欺诈性抚养问题的观点。对于欺诈性抚养，各国立法均确认受欺诈人对于婚姻关系存续期间支出的抚养费有返还的请求权。因原抚养人并无抚养义务，其已经支付的抚养费用对子女的生父母而言构成不当得利，可以行使不当得利返还请求权，请求返还已经支出的抚养费用。另外，根据民法典总则编、人格权编、侵权责任编有关规定，女方在婚姻关系存续期间与他人存在婚外情并生育子女，采取故意隐瞒的方式欺骗配偶，严重损害了被欺诈人的人格尊严等人格权益，造成了巨大的精神伤害，受欺诈抚养非亲生子女的一方可以主张精神损害赔偿。

---

〔1〕汪金兰、孟晓丽：《民法典中亲子关系确认制度的构建》，载《安徽大学学报（哲学社会科学版）》2020年第1期。

〔2〕韩德强、冉超：《欺诈性抚养问题的三维解构》，载《人民司法》2020年第2期。

〔3〕杨立新：《论婚生子女否认与欺诈性抚养关系》，载《江苏社会科学》1994年第4期。

第一千零七十四条　有负担能力的祖父母、外祖父母，对于父母已经死亡或者父母无力抚养的未成年孙子女、外孙子女，有抚养的义务。

有负担能力的孙子女、外孙子女，对于子女已经死亡或者子女无力赡养的祖父母、外祖父母，有赡养的义务。

【要义精解】

本条是关于祖孙之间抚养、赡养义务的规定。

祖父母、外祖父母与孙子女、外孙子女是隔代直系血亲，是除亲子关系之外最近的直系血亲。在我国传统的文化中，十分重视血脉传承和家庭伦理关系，而三代同堂抑或四代同堂以及“含饴弄孙”的文学描述，基本上就是老年人享清福的代名词。故而，在我国传统的家庭伦理中，祖孙之间的亲情关系并不因父母离婚而自然隔断或丧失。[1] 祖孙之间虽然不同于亲子关系，没有当然的抚养、赡养义务，但是基于对历史传统和社会现实的需要，保障未成年人和老年人的基本生活，1980 年《婚姻法》增加祖孙之间在特定条件下承担抚养、赡养义务的规定，并于 2001 年进一步完善。

一、祖父母、外祖父母对孙子女、外孙子女履行抚养义务的条件

与父母对未成年子女承担无条件的抚养义务不同，祖父母、外祖父母对孙子女、外孙子女履行抚养义务是有条件的，只有同时满足以下三个条件，才具有抚养义务。

第一，孙子女、外孙子女为未成年人。值得注意的是，如果孙子女和外孙子女已满 18 周岁，即使不能独立生活，祖父母、外祖父母也没有抚养的义务。这一点，与父母需要对不能独立生活的成年子女履行抚养义务有很大的不同。

第二，孙子女、外孙子女的父母已经死亡或父母无力抚养。这里的死亡包括自然死亡和宣告死亡。父母无力抚养是指不能以自己的收入满足子女合理的生活、教育、医疗等需要。

第三，祖父母、外祖父母有负担能力。有负担能力的祖父母和外祖父母，是指以自己的劳动收入和其他收入满足其第一顺序抚养权人（即需要

〔1〕 庄绪龙：《“隔代探望”的法理基础、权利属性与类型区分》，载《法律适用》2017 年第 23 期。

扶养的配偶、子女和父母）的合理生活、教育、医疗的需要后仍有剩余的祖父母和外祖父母。如果祖父母或外祖父母中数人均有负担能力，则应根据他们的经济情况共同负担。须注意的是，配偶之间的扶养义务、父母对子女的抚养义务以及子女对父母的赡养义务，均没有规定扶养义务人应有负担能力这个前提条件。

二、孙子女、外孙子女对祖父母、外祖父母履行赡养义务的条件

与子女对父母的赡养义务的无条件性不同，孙子女、外孙子女对祖父母、外祖父母承担赡养义务，应同时满足以下条件。

第一，祖父母、外祖父母需要赡养。孙子女、外孙子女对祖父母、外祖父母的赡养是以其父母的赡养义务为基础的。所以，孙子女、外孙子女的赡养条件不应宽于其父母的赡养条件。依据《民法典》第 1067 条第 2 款规定，缺乏劳动能力或者生活困难的父母，有要求成年子女给付赡养费的权利。所以，祖父母、外祖父母也只有在缺乏劳动能力或者生活困难时，才可向孙子女、外孙子女提出赡养的要求。如果祖父母、外祖母有经济收入或来源，可以负担自身生活所需，就不能要求孙子女、外孙子女承担赡养义务。

第二，祖父母、外祖父母的子女已经死亡或子女无力赡养。这里的死亡也包括自然死亡和宣告死亡。无力赡养，是指祖父母、外祖父母的子女不能以自己的收入满足其合理的生活、教育、医疗等需要，没有能力和条件履行赡养义务。比如，子女没有稳定收入，甚至本人生活还要依靠他人扶养，或者因病、残疾等丧失或基本丧失劳动能力，或者其收入仅能维持本人生活的，就可以认定为其无能力赡养父母。应注意的是，这里的“子女”不应限于孙子女、外孙子女的父母，而是包括祖父母、外祖父母的所有子女。只要其中一个子女有能力赡养，也不能要求孙子女、外孙子女赡养。

第三，孙子女和外孙子女有负担能力。有负担能力是指孙子女和外孙子女以自己的收入满足自己和第一顺序抚养权人（配偶、子女和父母）合理的生活、教育、医疗等需求后仍有剩余。如果孙子女、外孙子女中数人均有负担能力，应根据他们的经济情况共同负担。

【对照适用】

祖孙是仅次于亲子的近亲属关系，各国均规定在一定条件下二者之间的扶养关系。由于德、日等国的民法典专门设有“扶养”一章整体规定，所以对于祖孙之间的扶养关系以直系血亲间的扶养关系指称，通过抚养权利义务的亲属顺位得以体现祖孙之间的扶养关系。

在法律适用中，除需要准确把握上述相关的适用条件之外，还应当注意：继父母与其继子女之间因抚养关系形成而产生了父母子女的权利、义务，并不意味着继祖父母、继外祖父母与继孙子女、继外孙子女之间同时产生祖孙间的权利和义务关系。只有在继子女与继父母的抚养关系形成后，继祖父母、继外祖父母对继孙子女、继外孙子女实际进行了抚养，双方的抚养关系形成后，其相互间关系才适用《民法典》本条中关于祖孙间抚养和赡养关系的规定。

第一千零七十五条　有负担能力的兄、姐，对于父母已经死亡或者父母无力抚养的未成年弟、妹，有扶养的义务。

由兄、姐扶养长大的有负担能力的弟、妹，对于缺乏劳动能力又缺乏生活来源的兄、姐，有扶养的义务。

【要义精解】

本条是关于兄弟姐妹之间扶养关系的规定。

兄弟姐妹是最亲近的旁系血亲，一般情况下，兄弟姐妹之间由于较长时间的共同生活和情感交流，彼此都会产生较为平等而密切的亲情关系。正如恩格斯所言："父亲、子女、兄弟姐妹等称谓，并不是简单的荣誉称号，而是负有一种完全确定的、异常郑重的相互义务的称呼，这些义务的总和便构成民族的社会制度的实质部分。"[1] 兄弟姐妹之间相互扶养照顾，不仅是一种道德义务，在特定条件下也会上升为法律义务。实际生活中有能力的兄、姐扶养未成年弟、妹，弟、妹扶养照料生活困难的兄、姐，是较为常见的社会现象。本条主要是对兄弟姐妹之间法律上扶养义务形成条件的规定。

一、关于兄弟姐妹的范围

日常生活中，我们使用"兄弟姐妹"一词所指的范围十分宽泛，虽然本条没有明确规定其范围，但需要结合相关规定和社情民意，明确条文中

---

〔1〕［德］卡尔·马克思、［德］弗里德里希·冯·恩格斯：《马克思恩格斯全集（第21卷）》，中共中央编译局译，人民出版社1965年版，第40页。

负有扶养义务的兄弟姐妹的范围。一般认为，兄弟姐妹包括全血缘、半血缘及法律拟制的兄弟姐妹，[1] 本条所指兄弟姐妹主要是指同胞的兄弟姐妹和养兄弟姐妹，同胞兄弟姐妹包括同父母、同父异母、同母异父的兄弟姐妹。我国台湾地区有关规定也承认继兄弟姐妹之间存在相互扶养的义务，前婚之子女与非婚生子女间，均不失为兄弟姐妹，而有此义务。[2] 我们认为可以结合案件实际情况，予以合理确认。

二、兄、姐对弟、妹负有扶养义务的条件

该扶养义务应具备以下三个条件。

第一，弟、妹为未成年人。但是对于16周岁以上未满18周岁，能够以自己的劳动收入为主要生活来源的未成年弟、妹，兄、姐无须对其负有扶养义务。另外，如果弟、妹虽无独立生活能力但已经成年，那么兄、姐也不负扶养义务。

第二，父母已经死亡或父母无力抚养。即父母双方均已死亡，或者虽生存但没有抚养能力。如果父或母有一方生存且具备抚养能力，仍应由尚生存的父或母履行相应的抚养义务。

第三，兄、姐具备负担能力。兄、姐须为完全民事行为能力人，且兄、姐能够通过劳动获取收入或有其他财产为生活来源。当其无生活来源且缺乏劳动能力，就不能被认为是具有负担能力。具体而言，当兄、姐因履行扶养义务而无法保障自身正常生活需要时，一般应当认为兄、姐不具有负担能力。

三、弟、妹对兄、姐负有扶养义务的条件

该扶养义务应具备以下三个条件。

第一，兄、姐缺乏劳动能力又缺乏生活来源。“缺乏劳动能力”主要是指兄、姐无法以技术、脑力、体力从事工作，获取相应报酬；“缺乏生活来源”则主要是指在经济上没有足够维持生活的收入和积蓄。两个条件缺一不可，如果仅是缺乏劳动能力但不缺少经济来源，能够保障自身正常生活时，不应认定为其缺乏生活来源；如果兄、姐缺少生活来源但具有劳动能力时，其能够通过自己的劳动获得收入，此时弟、妹也无须承担本条规定的扶养义务。

---

〔1〕 夏吟兰：《民法分则婚姻家庭编立法研究》，载《中国法学》2017年第3期。

〔2〕 史尚宽：《亲属法论》，中国政法大学出版社2000年版，第757页。

第二，兄、姐无第一顺序的扶养义务人，或是第一顺位的义务人缺乏扶养能力。若兄、姐的配偶尚在且有劳动能力，或者兄、姐有成年子女能够承担赡养义务的，弟、妹无须负担扶养兄、姐的义务。

第三，弟、妹由兄、姐扶养长大且具有负担能力。一是弟、妹是由兄、姐扶养长大，即兄、姐已经履行扶养弟、妹的义务。依据权利与义务相一致原则，弟、妹在法定情况下也应承担对其兄、姐的扶养义务。二是弟、妹具有负担能力。

【对照适用】

关于旁系血亲之间是否存在法律上的扶养关系，各国立法并不相同。例如，《德国民法典》第1601条关于扶养义务人规定，直系血亲有义务互相给予扶养费。《法国民法典》第205条规定，扶养义务者仅限于直系亲属之间，而扶养旁系血亲之兄弟姐妹，则被解释为自然债务。《日本民法典》第877条规定，直系血亲及兄弟姐妹，互负扶养义务。我国自2001年《婚姻法》修改以来，规定了兄弟姐妹之间有条件的扶养义务。

在适用本条规定时，首先应当明确兄弟姐妹间扶养义务的限度，此种扶养义务属于"生活扶助义务"而非"生活保持义务"。生活保持义务的特点在于，它发生在核心家庭内，它是无条件的，义务人必须在自己的能力范围内履行义务，即使降低自己的生活水准，也必须使权利人过与自己相当的生活。[1] 一般适用于夫妻以及父母子女的关系中。而生活扶助义务是指"惟于不牺牲自己地位相当的生活之限度，给与必要的生活费"。[2] 生活扶助义务广泛适用于除夫妻子女关系之外的关系中。

本条规定在适用时除准确把握上述条件外，还应当结合其他规定综合考量。比如，依据侵权责任编有关规定，扶养义务人遭受人身损害时，赔偿范围中有"被扶养人生活费"项目，须结合本条以及其他涉及扶养义务的规定予以确认。另外，还应注意本条扶养义务与《刑法》第261条遗弃罪之间的联系。

---

〔1〕 徐国栋：《论扶养的范围——与浦伟良同志商榷》，载《法律科学——西北政法学院学报》1989年第1期。

〔2〕 史尚宽：《亲属法论》，中国政法大学出版社2000年版，第753页。

第四章　离　　婚

第一千零七十六条　夫妻双方自愿离婚的，应当签订书面离婚协议，并亲自到婚姻登记机关申请离婚登记。

离婚协议应当载明双方自愿离婚的意思表示和对子女抚养、财产以及债务处理等事项协商一致的意见。

【要义精解】

该条规定了协议离婚的要件以及离婚协议应当具备的主要内容。

与诉讼离婚不同，协议离婚以双方自愿为前提，并且需要通过离婚协议这种书面形式将双方自愿离婚的意向明确表达且固定下来。作为一种双方自愿的行为，如果没有对外公示的手段，很可能会影响当事人再婚或者第三人对当事人婚姻状态的判断。因此，协议离婚需要到登记机关申请离婚登记，对外进行公示，使第三人能够查验当事人的身份关系。这是国家介入具有对世效力的婚姻家庭关系的必然要求，同时也是避免恶意重婚的一种手段。

该条规定协议离婚需要亲自去申请登记，即不得代理。这是协议离婚作为双方合意的身份行为的特征所要求的。

本条第 2 款对离婚协议的内容进行了原则性及指示性的规定，要求写明夫妻双方自愿离婚的意思表示以及对子女抚养、财产债务等问题协商一致。关于自愿离婚的意思表示，婚姻登记机关只能形式审查，除非存在着行为能力欠缺，否则只能推定当事人真实的意思表示。因此，民间所谓的“假离婚”，从法律角度看是不存在的。

虽然允许意思自治，但是立法还是对离婚协议的主要内容进行了规定，这是为了一并解决婚姻终止之时其他的人身关系（子女抚养）及财产关系。立法中的措辞是“子女抚养”而非未成年子女抚养，可能是考虑到现实中也存在着无行为能力的成年子女在离婚的时候也需要抚养的问题。

【对照适用】

原《婚姻法》第31条规定："男女双方自愿离婚的，准予离婚。双方必须到婚姻登记机关申请离婚。婚姻登记机关查明双方确实是自愿并对子女和财产问题已有适当处理时，发给离婚证。"与之相比，《民法典》该条主要的变化如下：（1）增加了书面离婚协议的要求；（2）在财产问题之后增加了"债务处理等事项"；（3）将"适当处理"改为了"协商一致"。可见，民法典婚姻家庭编增加了离婚协议书面化的要求，使得双方离婚的意思表示能够清晰可见；增加了对债务等其他事项的规定，而非原来的列举式，使得不断更新、逐步变得重要的内容也可被纳入离婚协商事项之中；夫妻债务作为实践中较为普遍的问题也被写进该条，体现了立法及时对实践问题进行反馈的做法；"协商一致"则体现了对夫妻双方的充分尊重及对自愿原则的贯彻。

第一千零七十七条　自婚姻登记机关收到离婚登记申请之日起三十日内，任何一方不愿意离婚的，可以向婚姻登记机关撤回离婚登记申请。

前款规定期限届满后三十日内，双方应当亲自到婚姻登记机关申请发给离婚证；未申请的，视为撤回离婚登记申请。

【要义精解】

本条是关于协议离婚登记中"冷静期"的规定，它也是本次《民法典》新增加的规定。

该条规定，夫妻双方协议离婚并向婚姻登记机关申请后30日内，各方均有反悔的机会，即可以在这30日内选择撤回离婚申请，撤回申请的视为未申请，婚姻关系存续。而在这个期限届满之后的30日内，确定要离婚的，双方应当亲自到婚姻登记机关等待离婚证的发予，若双方并未亲自前往，则也视为撤回离婚申请。即整个离婚登记申请过程中可以有两个30日的"冷静期"选择撤回申请。

根据本条规定，从向婚姻登记机关申请离婚起，最早要经过一个30日的"冷静期"，双方亲自在第31日前往登记机关领取离婚证；最晚可以在申请后的59日里进行考虑、"冷静"，并在申请后的第60日领取离婚证。

设立“离婚冷静期”的主要目的，是让准备离婚的夫妻双方能够有充分的时间去考虑，去处理感情、子女抚养、财产、债务等一系列的问题，保证最后离婚与否的决定是双方冷静、理性地作出的，减少冲动离婚的可能。从这个角度看，“离婚冷静期”这个制度是有它的独特魅力的，很多西方国家也有类似的“冷静期”规定。

【对照适用】

本条规定的这个“离婚冷静期”制度，在《民法典（草案）》公布之时舆论界就出现过热议与争议。需要明确的是该制度仅适用于协议离婚的情形而不可适用于诉讼离婚。

这个制度一定程度上将增加离婚的难度，使得本可“一拍即散”的事情变得费时，从而认为是一种对婚姻自由之离婚自由原则的背弃。这样的观点可能有些偏激：多个30日的“冷静期”其实并不会阻碍离婚自由，而中间“反悔”的恰恰说明可能其意志并不坚定。

离婚本质上是一个复杂的行为，它会产生财产、身份的双重变动，对重要的决定多一份时间的考量并不为过。再者，对于决意离婚者，30日不会是离婚的阻碍，反而是处理双方关系、财产等问题的最佳时期；而对于一时兴起、犹豫不决者，30日乃至60日可能反而是让他们理性思考、避免冲动离婚的好机会，这样既避免了冲动离婚又后悔的波折，又可以减少婚姻登记机关的人力、物力浪费。

第一千零七十八条　婚姻登记机关查明双方确实是自愿离婚，并已经对子女抚养、财产以及债务处理等事项协商一致的，予以登记，发给离婚证。

【要义精解】

本条是关于婚姻登记机关发给离婚证要求的规定。

该条规定本质上是约束婚姻登记机构，明确其审查的范围。本条规定了协议离婚时，婚姻登记机关需要审查双方是否自愿离婚，子女、财产、债务等事项是否协商一致，该条与《民法典》第1076条第2款关于离婚协议需要具备的内容相呼应。同样也说明了，对于离婚而言，子女抚养、财产分割以及债务处理是极为重要的事项。

【对照适用】

该条提及婚姻登记机关需要查明双方是否自愿等一系列事项才可予以登记，发放离婚证。但是如何查明双方“确是自愿”，究竟属于实质审查还是形式审查，该条均没有规定明确。而实质上，婚姻登记机关作为一个行政机关，其实很难直接介入一个双方形式上均为自愿离婚的关系中一探究竟，因此往往婚姻登记机关只能进行形式审查。这可能也是限购政策出台后，离婚买房事件屡屡发生的原因之一。

相比原《婚姻法》，《民法典》第1078条在财产之后增加了“债务处理等事项”，这一方面说明了“债务处理”越来越成为夫妻离婚需要协商解决的重要事项之一，同样也说明了除了以上提到的几点以外，随着社会发展，可能会有更多与离婚有关的重要事项需要列入考虑范畴之中。

第一千零七十九条　夫妻一方要求离婚的，可以由有关组织进行调解或者直接向人民法院提起离婚诉讼。

人民法院审理离婚案件，应当进行调解；如果感情确已破裂，调解无效的，应当准予离婚。

有下列情形之一，调解无效的，应当准予离婚：

（一）重婚或者与他人同居；

（二）实施家庭暴力或者虐待、遗弃家庭成员；

（三）有赌博、吸毒等恶习屡教不改；

（四）因感情不和分居满二年；

（五）其他导致夫妻感情破裂的情形。

一方被宣告失踪，另一方提起离婚诉讼的，应当准予离婚。

经人民法院判决不准离婚后，双方又分居满一年，一方再次提起离婚诉讼的，应当准予离婚。

【要义精解】

本条规定的是诉讼离婚的程序以及准予离婚的法定事由。

本条第1款主要规定了诉讼离婚的路径：（1）可以选择有关组织进行调解，调解成功自然无须诉讼离婚；（2）可以选择直接向法院起诉；（3）可以先选择有关组织进行调解，调解无效再寻找法院进行诉讼。这是法院之外的调解前置程序。

第 2 款规定了法院调解是法院审理离婚案件的前置条件：只有调解无效，才可准予离婚。这是诉讼中的调解前置程序。本款的规定事实上对于调解离婚的情形没有明确规定：现实中经过法庭调解，双方对离婚、子女抚养及财产分割达成合意的也并不罕见。在该种情况下，法庭以调解书确认双方离婚。

第 3 款规定了法院准予离婚的几种导致夫妻情感破裂的情形。其中第 5 项规定了一个兜底条款，即法官可以有一定的自由裁量权判断是否有其他导致夫妻感情破裂的情形可以准予离婚。

第 4 款规定了法院可以判决离婚的另一种情形：即使未能查明感情是否破裂，但是一方若被宣告失踪，另一方起诉离婚的，法院也应当判决离婚。民法典总则编第 40 条规定："自然人下落不明满二年的，利害关系人可以向人民法院申请宣告该自然人为失踪人。"在宣告失踪后，允许失踪人配偶以此作为法定事由申请判决离婚，是对其离婚自由的尊重。

第 5 款是《民法典》新增规定，即若法院不准予离婚，双方又分居一年，再次起诉的，应当准予离婚。本条规定是对司法实践中第一次诉讼离婚不轻易判决离婚的一种特别的回应。相当于除了以上列举的法定事由之外，还可以通过第一次诉讼离婚未果进而分居一年来实现诉讼离婚。在第一次判决不离婚之后，当事人用自己的行为表达对离婚意愿的坚定，这样分居一年后，从法律上看只能推定夫妻感情破裂，无须继续挽救婚姻，应当准予离婚。这其实变相增加了诉讼离婚的确定性，对过去久拖不离的现象有所遏制。

【对照适用】

首先，《民法典》适用了"感情破裂"而不是"婚姻破裂"的离婚标准。虽然现行立法并没有直接将"感情破裂"作为离婚的前提，但是第 3 款第 5 项提到的"其他导致夫妻感情破裂的情形"说明了出现几种导致感情破裂的情形才可以判决离婚，因为第 3 款前几项的内容都是导致感情破裂的具体情形。实际上，夫妻感情一则很难判断，二则也难以用几项情形概括。"感情破裂"是一种感性的认知，法官难以查明，更何况诉讼中当事人也会各执一词。我国台湾地区"民法"第 1052 条关于此点使用的就是

“难以维持婚姻者，夫妻一方得请求离婚”，这说明离婚的前提条件就是一些导致婚姻难以维持的重大理由，这更加客观，也更加直接。因此，若能将第5项中的“夫妻感情破裂”改为“婚姻关系难以维持”则更好。

其次，该款规定可判决离婚的情形过于严苛，使得第一次诉讼成功离婚的可能性很小。实务中更大的问题是当事人举证不易，因为婚姻当事人很难专业性地收集并固定在诉讼中可以采用的证据。

该款第5项属于兜底性的规范，使得法官对判决离婚有一定的自由裁量权，对这种较刚性的诉讼理由有了一定缓和。同时，这次新增的第5款也一定程度降低了诉讼离婚的难度，使当事人无须证明具体情形而可以通过一段时间的程序手段达成诉讼离婚的目的。

第一千零八十条　完成离婚登记，或者离婚判决书、调解书生效，即解除婚姻关系。

【要义精解】

该条规定了婚姻关系解除的时间。

通过该条规定可知，无论协议离婚还是诉讼离婚，都有一个解除婚姻关系的时间节点，且这个解除婚姻关系的证明一般是对外公示、第三人可知的。这也会便于离婚当事人下一次婚姻关系的成立或者第三人查验离婚当事人的婚姻状况。

这里的离婚调解书指的是由法院出具的具有强制效力的裁判文书，其效力类似于离婚判决书，所不同的是，调解离婚的不得上诉。

【对照适用】

该条是此次《民法典》新增的规定，它明确了婚姻关系解除的时间点，明确婚姻关系何时结束有利于明晰财产、身份关系变动的起始点。

第一千零八十一条　现役军人的配偶要求离婚，应当征得军人同意，但是军人一方有重大过错的除外。

【要义精解】

该条是对现役军人的特别保护，并且原则上仅限于一方是军人的情形。夫妻双方都是现役军人的，并不适用本条。

除对现役军人进行了特别保护之外，也通过但书规定了例外。但书中的“军人一方有重大过错”，根据《婚姻家庭编解释（一）》第64条规定，指明“可以依据民法典第一千零七十九条第三款前三项规定及军人有其他重大过错导致夫妻感情破裂的情形予以判断”，即存在重婚或有配偶者与他人同居的，实施家庭暴力或虐待、遗弃家庭成员的，有赌博、吸毒等恶习屡教不改的情形。以上几种情况属于诉讼离婚中一方有重大过错的情形，这表明若现役军人没有重大过错，其配偶想要离婚必须要征得对方同意，否则无法离婚。

【对照适用】

原《婚姻法》第33条规定：“现役军人的配偶要求离婚，须得军人同意，但军人一方有重大过错的除外。”《民法典》第1081条将“须征得军人同意”改为了“应当征得军人同意”，在表述上有所修改，但是本质仍然未改变，即现役军人配偶离婚的决定权仍然是在军人手中。

该条规定的“征得军人同意”，究竟是离婚诉讼起诉的前置条件，还是判决离婚的前置条件，法条表述的模糊不清。从规范的核心内容看，应将这个“同意”理解为判决离婚的前置条件。若起诉之时就需要证明军人同意，否则就驳回起诉，那么即使军人确有过错但未同意离婚，其配偶拿不出军人同意离婚的证据即无法走进法庭审判的过程中。所以，应当认为军人配偶有诉讼的权利，只是若法庭审理过程中未取得军人的离婚同意且军人也无重大过错的，判决其配偶败诉即可。但是司法实务中存在着个别案件法院受理中即审查军人同意的倾向。

本条规定是为了给现役军人提供一份稳定的婚姻保障。

第一千零八十二条　女方在怀孕期间、分娩后一年内或者终止妊娠后六个月内，男方不得提出离婚；但是，女方提出离婚或者人民法院认为确有必要受理男方离婚请求的除外。

【要义精解】

本条是对婚姻中女性的特殊保护的规定。

该条规定女方在怀孕等三个特殊时期内，男方不得提出离婚，除非法院认为确有必要受理。该条明确了这些特殊时期下，男方完全不能通过起诉的方式进行诉讼离婚，即若出现这些情况法院应当驳回起诉。这条规定主要是考虑到女方在怀孕期间、分娩后一年内、终止妊娠后一段时间内较为虚弱，需要得到照顾，此时离婚无疑会给女方带来极大的不安定感，可能也会影响到女方的正常生活。

该条规定仅说明男方在女方以上几种特殊时期内除有必要理由，否则不得提出离婚，但并没有限制该时期女方离婚的自由。主要考虑到该条是为了保护女方的权益，若女方认为离婚是对其利益的保护，理应同意她们的主张。

本条以但书的方式规定了例外。实践中，“确有必要受理”的情形一般可能指女方所怀或所生胎儿并非属于男方，或者有其他严重过错，例如女方的家庭暴力等。这种为了保护女方而适当限制男方自由离婚的规定比法律关于保护军人婚姻的规定更合理，因为它兼顾了双方的利益，在保护一方的同时也给予了另一方稍有限制的退出机会。这种限制是一时的，且不被另一方主宰。

【对照适用】

该条是民法典婚姻家庭编第一章第1041条“保护妇女的合法权益”的延伸和细化。主要考虑到女方在生育时期身体较为虚弱的情况，在尽可能小的对男方限制的基础上适当地保护女性。且这种限制是比较合理、得当的，同时还规定了这种限制的例外情况，比较能满足实践需求。

该条规定女方在怀孕期间、分娩后一年内或者终止妊娠后六个月内，男方不得提出离婚，这似乎表明法院关于此种情况的立案审查是一种形式审查。但条文后半句又提到“法院认为确有必要受理男方离婚请求的除外”似乎又是一种实质审查。若仅规定法院进行形式审查，基本就属于“最有利于女方”，保护女方在特殊阶段身心均脆弱的状况，那么似乎也无规定后半句但书的必要。既然法律规定了但书的存在，说明在一定程度上还是要对男方的利益予以考虑的，那么法院的这种审查改成实质审查会更好。其实无论哪种审查，规定清楚就能起到保护的作用。但是该法条规定得并不清晰，这很容易导致法院在立案时直接进行形式审查而忽略男方真实合理的诉求。这一点应当予以改进。

第一千零八十三条　离婚后，男女双方自愿恢复婚姻关系的，应当到婚姻登记机关重新进行结婚登记。

【要义精解】

本条是关于离婚后又复婚的规定。

本条是指示性规定，不属于裁判规则。它规定离婚后的双方，在自愿情形下，可以重新进行结婚登记。从法律角度，本项规定似乎多余：因为在私法领域，“法无禁止皆自由”，离婚后的双方若想结婚自然可以直接进行登记，无须此条予以规定。本项规定的意义，更多在于提示普通老百姓在离婚之后还可以复婚。

【对照适用】

原《婚姻法》第35条规定：“离婚后，男女双方自愿恢复夫妻关系的，必须到婚姻登记机关进行复婚登记。”与之相比，主要有两处修改的地方：一是将“须”改为“应当”，减弱了语气，也体现了民法“多赋予权利而非施加义务”的特征；二是将“进行复婚登记”改为“重新进行结婚登记”，其实二者的意思是相同的，只是没必要强调复婚这个状态而只须点明离婚后仍是结婚自由即可，这一点新法的修改可能更加恰当。

但是立法中未能明确的是，复婚的效力从何时起算：是从第一次婚姻，还是重新登记开始？从“重新登记”替代了过去立法“复婚登记”这样的措辞看，应当是从第二次婚姻开始重新计算才更合适。

第一千零八十四条　父母与子女间的关系，不因父母离婚而消除。离婚后，子女无论由父或者母直接抚养，仍是父母双方的子女。

离婚后，父母对于子女仍有抚养、教育、保护的权利和义务。

离婚后，不满两周岁的子女，以由母亲直接抚养为原则。已满两周岁的子女，父母双方对抚养问题协议不成的，由人民法院根据双方的具体情况，按照最有利于未成年子女的原则判决。子女已满八周岁的，应当尊重其真实意愿。

【要义精解】

本条是对诉讼离婚后的父母与子女之间关系的规定。

本条第1款、第2款规定，父母与子女的关系不因父母结婚而消除，即离婚并不改变父母子女的关系和相互之间的权利义务。即便由一方直接抚养，另一方与子女的亲子关系也不变。基于这个关系，另一方仍有给付抚养费等一系列照顾子女的义务，同时也有日常探视的权利。

第 3 款是关于离婚后子女由谁抚养的裁判标准。该款规定不满 2 周岁的以母亲直接抚养为原则，这主要考虑到孩子在此阶段需要哺乳且对母亲的依赖性较大而予以规定的。实际也是符合后面提到的“最有利于未成年子女”的原则。已满 2 周岁的孩子，法官在判决时会有一定的自由裁量权，即可以根据双方的物质条件、居住条件等因素，在最有利于未成年人的基础上作出判断。同时若子女已满 8 周岁时要尊重他们的意愿，这也与总则编中关于限制民事行为能力人年龄的规定相契合，认为他们有一定的意思表示的能力，因此要对他们的意见给予尊重和采纳。

【对照适用】

原《婚姻法》第 36 条规定：“父母与子女间的关系，不因父母离婚而消除。离婚后，子女无论由父或母直接抚养，仍是父母双方的子女。离婚后，父母对于子女仍有抚养和教育的权利和义务。离婚后，哺乳期内的子女，以随哺乳的母亲抚养为原则。哺乳期后的子女，如双方因抚养问题发生争执不能达成协议时，由人民法院根据子女的权益和双方的具体情况判决。”

与之相比，《民法典》第 1084 条主要有以下几处修改：(1) 在“父或母抚养”之上增加了“直接”二字，明确了即使由一方抚养，并不意味着另一方无抚养义务，而是处于间接抚养的状态，需要给予一定的抚养费和情感关怀。(2) 在“父母对子女仍有抚养和教育”的后面增加了“保护”，体现了父母子女之间更多样化的权利义务关系。(3) 将“哺乳期内的子女”改为“不满两周岁的子女”，可能这两者希望表达的阶段相同，都是孩子对母亲最为需要的阶段，但是“哺乳期”是可由当事人主观改变的，而两年期限则更客观也更明确。(4) 将“根据子女的权益”改为“最有利于未成年子女的原则”，这一改变与民法典婚姻家庭编第一章第 1041 条“保护未成年人的合法权益”相呼应，是其细化规定。同时“最有利于”也意味着是将未成年子女的利益放在首位，而非像之前那般将其作为考虑因素之一。(5) 增加了“子女已满八周岁的，应当尊重其真实意愿”。这使得具有一定意思表示能力的孩子们的命运不仅仅是由法院或其父母直接决定，他们自己的意见和感受也是重要参考和采纳的部分。

此次修改对过去司法解释及司法实践的成功经验进行了吸收，更大限度上考虑到子女的实际需求和利益，给他们提供了更为合理和有效的法律保护。

第一千零八十五条　离婚后，子女由一方直接抚养的，另一方应当负担部分或者全部抚养费。负担费用的多少和期限的长短，由双方协议；协议不成的，由人民法院判决。

前款规定的协议或者判决，不妨碍子女在必要时向父母任何一方提出超过协议或者判决原定数额的合理要求。

【要义精解】

本条是关于离婚后子女抚养及抚养费的规定。

第 1 款规定了未直接抚养的一方应当负担子女的抚养费，这个抚养费应当包括生活费、教育费、医疗费等必要费用。而具体分别需要承担多少费用以及期限主要由双方协商，协商不能解决才由法院判决，即法院不能直接干涉夫妻双方关于抚养费的约定。值得注意的是，本款明确了可以判决未直接抚养的一方负担部分或者全部抚养费，属于间接确认了直接抚养一方的时间与精力付出的价值。

第 2 款规定，前款作出的协议、判决不影响子女必要时要求超过原定数额的抚养费的权利，即法定的变更请求权。这说明即使关于抚养的判决已经作出、生效，但是它不似一般判决那样具有既判力，子女之后仍可根据实际情况合理要求变更。而“必要时”则说明，上述协议、判决仍具有一定效力，只有子女确有必要时，才可以要求对原定协议或判决的抚养费数额予以变更。关于“必要时”是何时，《婚姻家庭编解释（一）》第 58 条粗略规定了三种情形，分别为：（1）原定抚养费数额不足以维持当地实际生活水平；（2）因子女患病、上学，实际需要已超过原定数额；（3）有其他正当理由应当增加。至于“合理要求”究竟是何种要求，“其他正当理由”究竟是哪些理由，都要结合子女成长、生活的具体情况予以考虑。

【对照适用】

原《婚姻法》第 37 条规定：“离婚后，一方抚养的子女，另一方应负担必要的生活费和教育费的一部或全部，负担费用的多少和期限的长短，由双方协议；协议不成时，由人民法院判决。关于子女生活费和教育费的协议或判决，不妨碍子女在必要时向父母任何一方提出超过协议或判决原定数额的合理要求。”与之相比，该条在一方抚养前面增加了“直接”二字，也体现了立法强调离婚后夫妻二人对子女的抚养义务并不改变。即使不能直接抚养，另一方也不能无所作为，还是应给付适当的抚养费并给予子女关怀、照顾。同时，该条文将“必要的生活费、教育费”统一规定为“抚养费”，修改后的“抚养费”既可概括生活、教育费用，还可能包括一些其他必要费用，更为妥当。

第一千零八十六条　离婚后，不直接抚养子女的父或者母，有探望子女的权利，另一方有协助的义务。

行使探望权利的方式、时间由当事人协议；协议不成的，由人民法院判决。

父或者母探望子女，不利于子女身心健康的，由人民法院依法中止探望；中止的事由消失后，应当恢复探望。

【要义精解】

本条规定了离婚后的探望权，即未直接抚养一方仍享有的探望子女的权利，及直接抚养方的协助义务。

离婚后，未直接抚养一方可以探望子女，这是其权利，同时也是对子女的一项情感及道德性质的义务。该规定主要考虑到在子女成长的过程中，父母都扮演着重要的角色，即使离婚，也应当满足孩子对父母天然的感情需求。而作为父母，与子女血脉相连、感情相近，也有与子女情感交流的需求。这也是法律将这种探望需求规定为权利的主要原因。此外，行使探望权，客观上也有助于未直接抚养的一方了解孩子情况，监督直接抚养方履行监护职责。本条明确了直接抚养方的协助义务，有助于探望得到执行。

虽然法律赋予未直接抚养一方探望的权利，但还是对这种权利予以了限制。该条规定，若探望子女不利于子女身心健康的，法院会中止探望，直至中止事由消灭。因为可能离婚的理由就是另一方会对子女健康成长产生不利影响，如虐待子女，那么给予另一方无条件的探望权反而会损害子女的身心健康。

【对照适用】

该条主要规定了未直接抚养一方的探视权及对探视权的限制。从规定的要点看，此项规定涉及了实体角度，也明确了程序问题，虽然表述简单，但属于非常全面的规定。

从实体上看，对于具体哪些情况属于不利于子女身心健康及判断的标准，并未进行类型化的规定，将最终的自由裁量权交给了法院。

从程序上看，必须诉诸法院。这与我国台湾地区的规定类似，我国台湾地区“民法”第 1055 条规定：“但其会面交往有妨害子女之利益者，法院得依请求或依职权变更之。”由法院中止，一方面是显得慎重，避免直接抚养一方为了自己的利益进行自主判断；另一方面如果不设立相应的简易程序，可能诉讼的时间拖延，并不能实质性保障未成年子女的利益。

第一千零八十七条　离婚时，夫妻的共同财产由双方协议处理；协议不成的，由人民法院根据财产的具体情况，按照照顾子女、女方和无过错方权益的原则判决。

对夫或者妻在家庭土地承包经营中享有的权益等，应当依法予以保护。

【要义精解】

本条分两款，其中第 1 款是关于离婚时夫妻财产分割的若干原则的规定，第 2 款则是对于农村家庭土地承包权益的宣示性规定。

第 1 款确定了三个基本原则。第一，照顾子女原则。由于子女不是夫妻共同财产分割的主体，更准确的表述应该是照顾直接抚养子女的一方的原则。第二，照顾女方原则。这是考虑到女性更需要社会给予更多的帮助。第三，照顾无过错方原则。这是婚姻家庭编对社会正义观的落实，对过错的间接惩罚。原则在具体的个案中需要法院去辨别性地适用，例如，如果女方是婚姻中的过错方，则优先适用照顾无过错方而不是照顾女方的原则。

第 2 款关于土地承包经营权益的规定实际是一种宣示性的规定，不属于裁判规则。该款使用的是“依法予以保护”，似乎与上一款的共同财产分割规则并无关联。

【对照适用】

原《婚姻法》第39条规定："离婚时，夫妻的共同财产由双方协议处理；协议不成时，由人民法院根据财产的具体情况，照顾子女和女方权益的原则判决。夫或妻在家庭土地承包经营中享有的权益等，应当依法予以保护。"与之相比，《民法典》第1087条增加了"照顾无过错方权益"的原则。"照顾无过错方权益"，将婚姻中的过错与财产分割相关联，虽然没有理论上的依据，但有助于保障婚姻的受害人，有助于抑制婚姻中肆无忌惮的过错方。

从体系角度看，本条与《民法典》第1091条关于无过错方有权请求离婚损害赔偿是相对独立的，后者更关注特定情况下的精神损害赔偿。

第一千零八十八条　夫妻一方因抚育子女、照料老年人、协助另一方工作等负担较多义务的，离婚时有权向另一方请求补偿，另一方应当给予补偿。具体办法由双方协议；协议不成的，由人民法院判决。

【要义精解】

本条是关于离婚家务补偿的规定。

该条是为了保护在家庭中贡献很大却难以用金钱衡量贡献并且牺牲了职业发展的一方。抚育子女、照料老人、协助另一方工作都属于为了家庭负担义务的行为，这些行为不直接产生经济收益，并且还可能牺牲自己的职业发展，进一步影响了其在离婚后的收入与生活。法律为了肯定这部分人的付出，保障他们在离婚之后的生活，赋予了他们要求经济补偿的权利。由于个案中每个家庭可能都不一样，因此《民法典》并未直接规定补偿的规则，而是赋予了法院自由裁量权。

【对照适用】

原《婚姻法》第40条规定："夫妻书面约定婚姻关系存续期间所得的财产归各自所有，一方因抚育子女、照料老人、协助另一方工作等付出较多义务的，离婚时有权向另一方请求补偿，另一方应当予以补偿。"与此相比，《民法典》第1088条主要在于删去"夫妻书面约定婚姻关系存续期间所得的财产归各自所有”，即删去了要以夫妻财产归各自所有的约定财产制为该条适用的前提。立法者删去该点的目的在于，当今社会夫妻财产使用约定所有制的比较少，真正约定财产各自所有的人也很少需要通过离婚后的经济补偿维持生活，导致该条几乎没有用武之地。而删去该前置条件可以扩大适用范围，使得更多的人有机会得到保护。夫妻共同财产制只能保障在婚姻关系存续期间的利益，而如果一旦自我牺牲职业生涯，其根本性的“损失”在离婚后。因此，本次修改从离婚救济的角度来看，是恰当的。

第一千零八十九条　离婚时，夫妻共同债务应当共同偿还。共同财产不足清偿或者财产归各自所有的，由双方协议清偿；协议不成的，由人民法院判决。

【要义精解】

本条是关于离婚之时夫妻共同债务清偿内部效力的规定。

该条规定夫妻共同债务应当共同偿还，即债权人可以向夫妻中任意一人主张债务也可以向二人同时主张。如果有夫妻共同财产的，优先以夫妻共同所有的财产偿还夫妻共同债务。没有共同财产，例如约定财产各自所有的，或者共同财产不足以清偿时，先协商，法院再介入。

至于夫妻共同债务如何判断，可以根据民法典婚姻家庭编第1064条的规定进行判断。

“财产归各自所有”指夫妻在婚姻存续期间关于夫妻财产有自己的约定而非适用法定夫妻财产共同所有制。此时可能不存在夫妻共同财产，因此，共同债务的清偿原则上只能以个人财产来负担。至于偿还的比例等，在无法协议之时，只能由人民法院进行判决。

至于一方就夫妻共同债务承担清偿责任后，根据《婚姻家庭编解释（一）》第35条[1]的规定，可以主张另一方承担相应的债务，即二者可以相互追偿。

---

〔1〕《最高人民法院关于适用〈中华人民共和国民法典〉婚姻家庭编的解释（一）》第35条规定：“当事人的离婚协议或者人民法院生效判决、裁定、调解书已经对夫妻财产分割问题作出处理的，债权人仍有权就夫妻共同债务向男女双方主张权利。一方就夫妻共同债务承担清偿责任后，主张由另一方按照离婚协议或者人民法院的法律文书承担相应债务的，人民法院应予支持。”

【对照适用】

本质上，此项规定是指引性质的，指引而非强制夫妻在离婚之时先对已经到期的共同债务进行清偿，然后再对共有财产进行分割；如果共有财产不足以清偿已经到期的夫妻共同债务，则应当以个人债务进行清偿。

本项规定非强制性，即如果夫妻在离婚之时分割了夫妻共同财产，未对夫妻共同债务进行偿还，此项分割在夫妻之间依然发生效力，只是债权人依然可以起诉两人，即使他们不再是夫妻。既然是共同债务，那么即使离婚之后，两人承担的也是连带责任。

第一千零九十条　离婚时，如果一方生活困难，有负担能力的另一方应当给予适当帮助。具体办法由双方协议；协议不成的，由人民法院判决。

【要义精解】

本条是关于离婚时一方对另一方进行经济帮助的规定。

本条规定的是一种人道主义帮助，同时也是离婚后义务之体现，但适用范围限于“一方生活困难”。根据过去《婚姻法解释（一）》第 27 条的规定，“一方生活困难”，是指依靠个人财产和离婚时分得的财产无法维持当地基本生活水平或者一方离婚后没有住处的。从性质上看，这项规定属于酌情性质的离婚救济。

该规定中“离婚时”，是指判断是否需要进行经济帮助的时间参考点。若离婚之后再以此条文为依据要求对方给予经济帮助，则无法得到法院的支持。

关于帮助的具体形式，现行立法未有明确的规定，应当理解为多样式形态化。相对于过去立法，本次规定使用了“有负担能力”“适当”这两个词，表明给予另一方的这份负担是适当、公平的而不使其生活产生困难的，这也是民法公平原则的体现，同时也是适度性的要求。

【对照适用】

《民法典》第 1090 条源于原《婚姻法》第 42 条，此前的规定为：“离婚时，如一方生活困难，另一方应从其住房等个人财产中给予适当帮助。具体办法由双方协议；协议不成时，由人民法院判决。”与过去立法相比，《民法典》第1090条主要有两个变化：（1）在“应当给予适当帮助”的前面加了“有负担能力”，即保证提供帮助一方不至于因此而陷入困境；（2）删去了“从其住房等个人财产中”的规定，即将帮助的形式多元化，既包括居住权，也包括直接的经济资助。原条文将帮助限定在财产尤其是住房上过于狭隘，修改之后的条文更加灵活。

第一千零九十一条　有下列情形之一，导致离婚的，无过错方有权请求损害赔偿：

（一）重婚；

（二）与他人同居；

（三）实施家庭暴力；

（四）虐待、遗弃家庭成员；

（五）有其他重大过错。

【要义精解】

本条规定的是过错导致离婚时无过错方享有损害赔偿请求权的规定。

本条规定了损害赔偿请求权的构成要件。

第一是因果关系，即因过错“导致离婚”之时才可以适用该条规定。如果重大过错的行为在过去发生，后续夫妻继续生活了较长时间，再提出离婚的时候，难以认定存在因果关系。

第二是请求权方需要自身无过错。如果双方都存在过错，则不能请求。

第三是主观上存在“重大过错”，普通的过错情形下不构成责任。

相比原《婚姻法》第46条规定，《民法典》第1091条增加了第5项“有其他重大过错”的兜底情形。这改变了有时出现其他恶劣行为致配偶损害却无法主张损害赔偿请求权的尴尬境地。同时这里的“其他重大过错”一般要与前4项情形具有同样的恶劣程度，这一点也是属于法官自由裁量权的范畴。

本规定属于侵权责任在离婚场景下的一项特别规定，其所指损害赔偿，原则上既包括物质损害赔偿，也包括精神损害赔偿。典型的例如将性病传染给配偶，那么所赔偿的既有医疗费等物质损害，也需要有精神损害的赔偿。涉及精神损害赔偿的，根据《婚姻家庭编解释（一）》第86条的规定："适用《最高人民法院关于确定民事侵权精神损害赔偿责任若干问题的解释》的有关规定。"

【对照适用】

离婚损害赔偿是一项特殊的损害赔偿请求权，性质上属于侵权损害赔偿请求权，但无论是实体上还是程序上，都是属于特殊的情况。

从实体角度看，此类请求权的构成要件，要求加害方属于"严重过错"，与一般的侵权责任构成中对主观要素的要求是不一样的，更加苛刻。这是为了避免夫妻之间过于容易提起诉讼。

从程序角度看，过去的司法解释要求不得单独提起，且在判决不准予离婚的案件中不支持此项损害赔偿请求权，这是维护夫妻一体化的要求。

本次修改，将原来的封闭类型进行了扩展，以"其他重大过错"作为兜底的类型，有助于弥补封闭类型带来的适用困境。而"重大过错"的要求，也有利于约束法官的自由裁量权。

第一千零九十二条　夫妻一方隐藏、转移、变卖、毁损、挥霍夫妻共同财产，或者伪造夫妻共同债务企图侵占另一方财产的，在离婚分割夫妻共同财产时，对该方可以少分或者不分。离婚后，另一方发现有上述行为的，可以向人民法院提起诉讼，请求再次分割夫妻共同财产。

【要义精解】

本条是关于离婚财产分割时对一方不正当行为的惩罚性规范。

本条规定了隐藏、转移、变卖、毁损、挥霍夫妻共同财产，或者通过伪造夫妻共同债务的行为会导致在离婚财产分割时少分或不分财产。以上的行为是严重损害夫妻共同财产利益的行为，在离婚之时发现的话，可以请求该方少分或者不分。如果在离婚之后发现上述不正当行为，还可以请求再次分割。

【对照适用】

原《婚姻法》第47条规定："离婚时，一方隐藏、转移、变卖、毁损夫妻共同财产，或伪造债务企图侵占另一方财产的，分割夫妻共同财产时，对隐藏、转移、变卖、毁损夫妻共同财产或伪造债务的一方，可以少分或不分。离婚后，另一方发现有上述行为的，可以向人民法院提起诉讼，请求再次分割夫妻共同财产。人民法院对前款规定的妨害民事诉讼的行为，依照民事诉讼法的规定予以制裁。”与此相比，《民法典》第 1092 条有了以下几个变化。

第一，将开头的“离婚时”删去，而在分割之前增加“离婚”二字。虽然仅仅是位置的变化，但是实际上是将原本模糊难辨的针对侵占行为的时间限定删去了，而是对分割财产进行了时间限定。原本关于“离婚时”的规定过于狭窄，往往财产转移等行为都是发生在婚姻关系存续期间而非离婚时。从表述上看，更加科学了。

第二，增加了“挥霍夫妻共同财产”这一情形，增大了保护范围。但是仍未有“等”字的规定，说明它仍是一种封闭式的列举规定，超过以上情形的行为不得适用以上规则。

第三，将“伪造债务”改为“伪造夫妻共同债务”，清晰了仅侵占共同财产的伪造行为而非伪造任意债务均可适用此规则。

第四，删去了“妨碍民事诉讼”的相关规定，因为构成对民事诉讼妨碍的自然有民事诉讼法进行规制，没有在婚姻家庭编进行规定的必要。

第五章　收　　养

第一节　收养关系的成立

第一千零九十三条　下列未成年人，可以被收养：
（一）丧失父母的孤儿；
（二）查找不到生父母的未成年人；
（三）生父母有特殊困难无力抚养的子女。

【要义精解】

本条对被收养人的条件作了规定。

第一，被收养人须为未成年人。一方面，被收养人的年龄不再限于14周岁。原《收养法》第4条要求被收养的未成年人必须不满14周岁，主要认为14周岁以上的人心智相对成熟，不利于培养亲子间的感情，并因此不利于收养关系的稳定。另一方面，被收养人不能是成年人。原《收养法》把被收养的未成年人的抚养、成长作为首要原则和核心价值，成年人收养则不在原《收养法》的立法目的之列。

第二，被收养的未成年人还须满足以下三个条件之一：其一，丧失父母。所谓“丧失”，是指该未成年人的父母已经死亡或者被宣告死亡。这里的“父母”除了该未成年人的生父母外，还可以是其养父母和有抚养关系的继父母。其二，查找不到生父母。为了维护收养关系的稳定性，此处“查找不到”应存在一个合理期间的限制。生父母被宣告失踪的情形应属此列。其三，生父母有特殊困难无力抚养。所谓“特殊困难”属于不确定概念，应结合具体情形进行判断。这一概念范围较为宽泛，为复杂多样的现实情况提供了弹性空间。

【对照适用】

本条源自原《收养法》第 4 条，但存在如下几个方面的修改：第一，对被收养人的年龄作了修改。根据原《收养法》第 4 条的规定，被收养的未成年人须不满 14 周岁。本法将该限制放宽到 18 周岁，即符合本条规定条件的未成年人都可以被收养。第二，本条第 2 项将原《收养法》第 4 条第 2 项“查找不到生父母的弃婴和儿童”中的“弃婴和儿童”改为“未成年人”。本法将被收养人的年龄放宽到 18 周岁，因此本条第 2 项也相应将查找不到生父母的被收养人扩大到未成年人。这一修改也进一步明确，超过 14 周岁的未成年人，被拐卖后又被解救且查找不到生父母的，也可以被收养。

比较法上，各国立法对被收养人的年龄要求各有不同。《法国民法典》区分简单收养与完全收养，在前者，被收养人的年龄没有限制；在后者，根据《法国民法典》第 345 条第 1 款规定，被收养人的年龄应在 15 周岁以下。由于德国法在未成年人的收养之外也承认成年人的收养，故其被收养人的年龄不存在限制。该做法也见于瑞士法、我国台湾地区“民法”。我国澳门特别行政区“民法”也将被收养人限制为未成年人。

第一千零九十四条　下列个人、组织可以作送养人：
（一）孤儿的监护人；
（二）儿童福利机构；
（三）有特殊困难无力抚养子女的生父母。

【要义精解】

本条对送养人的条件作了规定。

送养人主体适格是收养关系成立的实质要件。本条规定三类主体可以作为送养人。

第一，孤儿的监护人。“孤儿”是指父母已经死亡或者被宣告死亡的未成年人。根据《民法典》第 27 条第 2 款的规定，孤儿的监护人由下列有监护能力的人按顺序担任：（1）祖父母、外祖父母；（2）兄、姐；（3）其他愿意担任监护人的个人或者组织，但是须经未成年人住所地的居民委员会、村民委员会或者民政部门同意。根据本法第 32 条的规定，没有依法具有监护资格的人的，监护人由民政部门担任，也可以由具备履行监护职责条件的被监护人住所地的居民委员会、村民委员会担任。据此，本法在监护领域大大强化了民政部门和基层群众性自治组织的职责。

第二，儿童福利机构。我国的儿童福利机构主要是指各地民政部门主管的收容、养育孤儿和查找不到生父母的弃婴、儿童的社会福利院。

第三，有特殊困难无力抚养子女的生父母。该款规定与本法第1093条第3项的规定相一致。本项规定存在两个要件：其一，存在特殊困难无力抚养子女。根据本法第26条和第27条的规定，父母是未成年子女的监护人，对未成年子女负有抚养、教育和保护的义务。因此，父母不得随意送养未成年子女。但在特殊困难无力抚养的情形下，根据本法第1044条规定的最有利于被收养人的原则，应允许未成年人的生父母将未成年人送养，更有利于该未成年人的成长。所谓“特殊困难”是不确定概念，需要结合个案确定，但无论是何种困难，必须在客观上导致该生父母无力抚养子女。其二，必须是生父母。有特殊困难无力抚养子女的养父母、继父母，不能成为送养人。因为本法已经为此处情形提供了制度救济，即其可以与该未成年子女的生父母协商解除收养关系。

【对照适用】

本条源自原《收养法》第5条，仅将该条第2项的“社会福利机构”改为“儿童福利机构”。这种表述更为适当，一是将送养人主体限制在国家设立的从事有关儿童的福利机构，二是与现行《未成年人保护法》《残疾人保障法》中的“儿童福利机构”的表述保持一致。

比较法上，不同于本法采取集中规定的方式，大多数国家采取分散规定的做法。比如《法国民法典》规定除父母之外，在特殊情形下，亲属会议和法院也作为送养人。如《法国民法典》第348-2条第1款规定，如果儿童的父母均已死亡，处于不能表达自己意思的状态，或者如父母双方均丧失亲权，由亲属会议听取实际照管儿童的人的意见之后对送养表示同意。《法国民法典》第348-6条规定，在父母完全不照管子女，危害到子女的身心健康的情况下，父母双方或者其中一方仍拒绝将子女交他人收养时，如法院认为此种拒绝完全是一种滥权行为，得宣告送养。亲属会议滥行拒绝送养时，亦同。德国法上不存在“送养人”的概念，但对收养的“允许”以多个条款作了比较详细的规定。除子女的允许是必要的以外，

《德国民法典》规定子女的父母的允许也是必要的。在配偶一方单独收养的情形，配偶另一方的允许也是必要的。对于后两者，在必要的情形下，家庭法院可以根据收养人的申请代为允许。据此，德国法上的送养主体包括子女的父母和家庭法院。

本条的适用应结合相关部门规章，如2014年生效的《民政部关于规范生父母有特殊困难无力抚养的子女和社会散居孤儿收养工作的意见》。

第一千零九十五条　未成年人的父母均不具备完全民事行为能力且可能严重危害该未成年人的，该未成年人的监护人可以将其送养。

【要义精解】

本条规定了监护人可以送养未成年人的情形。

一般而言，未成年人的父母是其法定监护人。但是，在父母没有监护能力的情形下，应由其他主体担任未成年人的监护人，以保护其人身和财产权益。根据《民法典》第27条第2款规定，未成年人的父母没有监护能力的，由其祖父母、外祖父母，兄、姐，经未成年人住所地的居民委员会、村民委员会或者民政部门同意的其他愿意担任监护人的个人或者组织按顺序担任监护人。

根据本条规定，未成年人的父母均不具备完全民事行为能力，并且可能严重危害该未成年人的，该未成年人的监护人可以将其送养。这一规定具备两个构成要件，第一，未成年人的父母均不具备完全民事行为能力。即父母双方均为限制行为能力人或者无行为能力人。第二，未成年人的父母可能严重危害该未成年人。这要求，即使未成年人的父母双方均不具备完全民事行为能力，但如果并不严重危害该未成年人，其监护人也不得将之送养。该未成年人的父母须存在严重危害该未成年人的可能性时，其监护人才可将其送养。

【对照适用】

本条源自原《收养法》第12条，该条规定："未成年人的父母均不具备完全民事行为能力的，该未成年人的监护人不得将其送养，但父母对该未成年人有严重危害可能的除外。"本条在表述方式上作了修改，根据原规定，未成年人的父母均不具备完全民事行为能力的情形的，监护人原则上不得将其送养，父母对该未成年人有严重危害的可能则可以将其送养。这一规定更倾向于保护未成年人的父母的权益。本法第1044条第1款规定了最有利于被收养人的原则，本条对此作了相应的修改，通过正面表述而非但书规定，明确规定何种情形下可以由监护人送养，更加侧重于保护未成年人的权益。

第一千零九十六条　监护人送养孤儿的，应当征得有抚养义务的人同意。有抚养义务的人不同意抚养、监护人不愿意继续履行监护职责的，应当依照本法第一编的规定另行确定监护人。

【要义精解】

本条是关于监护人送养孤儿的限制以及变更监护人的规定。

根据《民法典》第1094条第1项的规定，孤儿的监护人可以作为送养人。本条对监护人的送养行为作了限制，要求其以有抚养义务的人的同意为前提。这一规定的规范目的在于：第一，防止监护人不履行监护职责，随意将孤儿送养，损害孤儿的合法权益；第二，发挥抚养制度的功能。我国规定了法定抚养义务，对孤儿有抚养义务的近亲属对送养孤儿享有同意的权利。“有抚养义务的人”是指孤儿的有负担能力的祖父母、外祖父母、兄、姐。例如，未成年人在父母死亡或者被宣告死亡后，成年的兄、姐是其法定监护人，作为监护人的哥哥不能违背姐姐的意愿送养该未成年人。第三，保护孤儿及其有抚养义务的人的合法权益，不轻易改变其身份关系。由于收养导致被收养人与其生父母以及其他近亲属的权利义务关系消除，如果由其监护人任意送养，将使孤儿与对其有抚养义务的人之间的身份关系发生重大变更。为了尊重对孤儿有抚养义务的人的意愿，如果其有意愿抚养孤儿且有抚养能力，可以由其抚养。

有抚养义务的人不同意抚养、监护人不愿意继续履行监护职责的，为了保护未成年人合法权益，应当另行确定监护人。监护人的确定应根据本法第一编的规定。本法第30条规定：“依法具有监护资格的人之间可以协议确定监护人。协议确定监护人应当尊重被监护人的真实意愿。”第31条第1款规定：“对监护人的确定有争议的，由被监护人住所地的居民委员会、村民委员会或者民政部门指定监护人，有关当事人对指定不服的，可以向人民法院申请指定监护人；有关当事人也可以直接向人民法院申请指定监护人。”

【对照适用】

本条源自原《收养法》第13条，内容作了如下修改：第一，将“未成年孤儿”改为“孤儿”。本法第1093条将被收养人的范围扩大到未成年人，此处与其保持一致。第二，将“须”改为“应当”，表述更为规范。第三，将“变更监护人”改为“另行确定监护人”。第四，相应地修改了确定监护人所依据的法律，将“《中华人民共和国民法通则》”修改为“本法第一编”。

第一千零九十七条　生父母送养子女，应当双方共同送养。生父母一方不明或者查找不到的，可以单方送养。

【要义精解】

本条规定了生父母送养子女的原则与例外。

《民法典》第1094条第3项规定，有特殊困难无力抚养子女的生父母可以作送养人。生父母作为未成年子女的法定监护人，原则上应承担监护职责。唯在确有特殊困难无力抚养其子女的情形下，为了未成年人的健康成长，允许其送养未成年子女。在生父母送养子女的情形下，应当由生父母双方共同送养。本法第1068条规定，父母有教育、保护未成年子女的权利和义务。由于我国只承认完全收养制度，即收养关系成立后，生父母与其子女的亲子关系因收养关系的成立而消除。因此，送养子女的意思表示应当由生父母双方共同作出。如果未经配偶同意，父母一方擅自送养子女，构成对另一方父母的亲权的侵害。

由生父母单方送养子女，仅限于生父母一方不明或者查找不到的例外情形。生父母一方不明，是指不能确认被送养人的生父或者生母是谁的情形。生父母一方查找不到，是指经过一定期间，无法查到生父或者生母的情形。在这两种情形下，法律允许由生父母一方单方送养子女。

【对照适用】

本条源自原《收养法》第10条第1款，仅将“须”改为“应当”。

比较法上，多数国家以生父母送养子女时应双方共同送养为原则。《德国民法典》第1747条第1项规定，父母的允许对于收养子女是必要的。如果父母一方长期不能作出表示或者其居所长期不明的，其允许是不必要的。第1748条亦规定了父母一方代为允许的情形，即父母一方持续不断地严重违反其对子女的义务，或以其行为表明对子女漠不关心，家庭法院必须根据子女的申请，代替父母该方给予允许。义务之违反虽不是持续不断的但特别严重，且可遇见已不再能将子女长期托付父母该方照护的，该项允许也可以被代替。据此，德国法上坚持父母送养子女时双方的允许是必要条件，即使一方由于特殊原因无法给予允许，也应由家庭法院代为作出。《法国民法典》第348条规定，在儿童已对父母双方确立亲子关系的情况下，送养应经父母双方同意。如果父母一方去世或者不能表示自己的意思，或者如其丧失亲权，另一方同意送养即可。第348-1条规定，在儿童仅对生父母中一方确立亲子关系时，送养由该一方表示同意。第348-2条规定，如果儿童的父母均已死亡，或者双方均丧失亲权，由亲属会议听取实际照管儿童的人的意见之后对送养表示同意。

第一千零九十八条　收养人应当同时具备下列条件：

（一）无子女或者只有一名子女；

（二）有抚养、教育和保护被收养人的能力；

（三）未患有在医学上认为不应当收养子女的疾病；

（四）无不利于被收养人健康成长的违法犯罪记录；

（五）年满三十周岁。

【要义精解】

本条规定了收养人的条件。

本条列举了5项收养人应具备的条件，并要求收养人须同时具备这些条件。

第一，无子女或者只有一名子女。计划生育是我国的基本国策，规定于《宪法》第25条。原《婚姻法》将计划生育作为基本原则规定于总则中，原《收养法》第3条亦明确规定收养不得违背计划生育的法律、法规。《民法典》虽未明确作此规定，但本条第1项仍遵循计划生育的基本国策。不同之处在于，2015年中国共产党第十八届中央委员会第五次全体会议公报对计划生育政策作了调整，全面实施一对夫妻可生育两个孩子政策，即两孩政策。同年，《人口与计划生育法》对此作了回应，由提倡一对夫妻生育一个子女，更改为“国家提倡一对夫妻生育两个子女”。因此，本条第 1 项在旧法的基础上增加了“只有一名子女”。

第二，有抚养、教育和保护被收养人的能力。《民法典》第 26 条第 1 款规定，父母对未成年子女负有抚养、教育和保护的义务。据此，抚养、教育和保护被收养人的能力是收养人必须具备的基本条件。“抚养、教育和保护被收养人的能力”，首先是指收养人须具有完全民事行为能力，其次要求收养人在身体、智力、经济、道德品行以及教育子女等各个方面均有能力实现对未成年子女的抚养、教育和保护，能够履行父母对未成年子女应尽的义务。收养人是否具备抚养、教育和保护被收养人的能力，需要结合收养人家庭的收养动机、婚姻状况、经济能力、身心状况和道德品行等进行严格审查。

第三，未患有在医学上认为不应当收养子女的疾病。所谓“在医学上认为不应当收养子女的疾病”是一个不确定概念，无法进行完全列举。一般来说，该疾病须很有可能影响未成年人身心健康，如精神分裂症、躁狂抑郁型精神病等精神类疾病以及艾滋病、淋病、梅毒等传染性疾病。

第四，无不利于被收养人健康成长的违法犯罪记录。这一条件为本法新增内容，是对收养人品行方面的特别要求。需要强调的是，并非有过违法犯罪记录的人都不能担任收养人，只有在其违法犯罪行为不利于被收养人健康成长的情况下，如曾犯虐待、拐骗儿童、奸淫幼女、猥亵儿童等罪行的，才会被限制收养。

第五，年满 30 周岁。对收养人的年龄设定限制，是为了保证收养人具备相应的收养能力，以保护未成年子女的权益。从比较法上来看，不同国家和地区的立法例一般通过两种方式对收养人的年龄进行限制：一是设定收养人的最低年龄；二是限定收养人与被收养人之间的年龄差。本款采取了设定最低年龄的方式，这一规定也见于《德国民法典》第 1743 条。后者规定，收养人必须已满 25 岁，在配偶一方单独收养其配偶的子女的情形下，必须已满 21 岁。在一对夫妻共同收养子女的情形下，配偶一方必须已满 25 岁，配偶另一方必须已满 21 岁。《法国民法典》第 343 条也以这种方式限制收养人的年龄，未分居的夫妻，结婚超过 2 年，或者双方年龄超过 28 岁，得请求收养子女。我国台湾地区未采取这种限制年龄的方式。

【对照适用】

本条源自原《收养法》第6条，但作了两处增改。第一，将原第1项收养人须“无子女”修改为“无子女或者只有一名子女”。这是为了与国家计划生育政策的调整相协调。第二，将原第2项的“有抚养教育被收养人的能力”改为“有抚养、教育和保护被收养人的能力”，增加了“保护”收养人的能力的要求。北京市等地区实行了收养评估制度，对收养人抚养、教育和保护能力进行审查，取得不错的实践效果。第三，增加了第4项规定，即“无不利于被收养人健康成长的违法犯罪记录”。

第一千零九十九条　收养三代以内旁系同辈血亲的子女，可以不受本法第一千零九十三条第三项、第一千零九十四条第三项和第一千一百零二条规定的限制。

华侨收养三代以内旁系同辈血亲的子女，还可以不受本法第一千零九十八条第一项规定的限制。

【要义精解】

本条是关于收养三代以内旁系同辈血亲的子女的特别规定。

《民法典》第1093条、第1094条和第1098条是关于被收养人、送养人和收养人的一般规定。由于收养关系涉及伦理规范和未成年人保护，严格遵守此一般规定可能不能充分实现收养法律制度的功能，因此需要对特殊情形下的收养法律关系的成立作出特别规定。本条即为此例。

本条第1款放宽了收养三代以内旁系同辈血亲的子女的要求。所谓“血亲”，是指具有血缘关系的亲属，包括自然血亲和拟制血亲。自然血亲，是指出于共同祖先，彼此之间存在天然血缘联系的亲属，如父母子女、兄弟姐妹、祖父母与孙子女、外祖父母与外孙子女、伯叔姑与侄子女、舅姨与外甥子女等。拟制血亲，是指本无天然的血缘联系，但法律确认其与自然血亲有同等权利义务关系的亲属。我国拟制血亲只有两类：一是养父母与养子女及养子女与养父母的近亲属；二是事实上形成抚养关系的继父母与受其抚养教育的继子女。所谓“旁系血亲”，属于亲系之一种，是指具有间接血缘联系的亲属，即除直系血亲以外的，与自己同出一源的亲属。如与自己同源于父母的兄弟姐妹；与自己同源于祖父母的伯、叔、姑及堂兄弟姐妹和姑表兄弟姐妹；与自己同源于外祖父母的舅、姨及表兄弟姐妹。所谓“同辈”，源于计算亲属关系的辈分，根据血亲的辈分不同，分为长辈亲、晚辈亲和同辈亲。同辈亲又称平辈亲，指辈分与自己相同的亲属，如同胞兄弟姐妹、堂兄弟姐妹和表兄弟姐妹。所谓“三代以内”是我国亲等计算法中计算亲属远近亲疏的概念。我国以血亲之间的世代来计算亲属的亲疏远近，一辈即为一代，相差一世即为两代，代数小的比代数大的亲属关系更亲近。旁系血亲的计算方法如下：首先找到自己与所要计算的旁系血亲的血缘同源人，然后从两边分别往上数至血缘同源人。如果两边代数相同，取同数；如果不同，取较大的数字。计算时代数应该包括自己和所要计算的旁系血亲。如自己与兄弟姐妹为两代以内旁系血亲；与堂、表兄弟姐妹为三代以内旁系血亲；与伯叔姑、舅姨也是三代以内旁系血亲。综上，所谓“三代以内旁系同辈血亲”是指自己的兄弟姐妹、堂兄弟姐妹和表兄弟姐妹。这些亲属之间因有血亲关系，具有一定感情基础，往往较容易建立起稳定的收养关系，加之收养三代以内旁系同辈血亲的子女与我国民间传统的过继、立嗣等制度相符，因此本法对此种情形下的收养条件予以一定程度的放宽。根据本条第 1 款的规定，收养这些亲属的子女，可以不受以下三项条件的限制：第一，被收养人生父母有特殊困难无力抚养；第二，送养人有特殊困难无力抚养子女；第三，无配偶者收养异性子女年龄应当相差 40 周岁以上。

本条第 2 款是对华侨作为收养人收养三代以内旁系同辈血亲的子女的特别规定。所谓“华侨”，是指在国外定居的具有中国国籍的自然人。由于我国不承认双重国籍，因此具有中国血统但加入或者取得外国国籍的人不是华侨。本条第 1 款已经放宽了收养的条件，本款对华侨进一步放宽收养限制。根据本法第 1098 条第 1 项的规定，收养人应当无子女或者只有一名子女。华侨作为收养人的情形，可以不受此约束。这意味着，一方面，当华侨有两名以上子女时，可以收养三代以内旁系同辈血亲的子女；另一方面，如果华侨收养的子女并非三代以内旁系血亲的子女，对子女人数的限制仍对其适用。

【对照适用】

本条源自原《收养法》第 7 条，仅将“同辈旁系血亲”修改为“旁系同辈血亲”。此修改意在突出对血亲之间应先区分直系与旁系，再区分辈分。

第一千一百条　无子女的收养人可以收养两名子女；有子女的收养人只能收养一名子女。

收养孤儿、残疾未成年人或者儿童福利机构抚养的查找不到生父母的未成年人，可以不受前款和本法第一千零九十八条第一项规定的限制。

【要义精解】

本条是关于收养子女人数的规定。

本条第 1 款规定了收养子女人数限制的原则，即无子女的收养人可以收养两名子女，有子女的收养人只能收养一名子女。《宪法》第 49 条第 2 款规定，夫妻双方有实行计划生育的义务。虽然本法已经取消原《收养法》中关于“收养不得违背计划生育的法律、法规”的原则性规定，但计划生育政策仍是我国的基本国策。2015 年以来，计划生育政策由原来的“独生子女政策”修改为“两孩政策”，即每个家庭可以养育两个孩子。据此，本条规定与《宪法》保持了体系一致，也体现了计划生育政策的要求。

本条第 2 款是收养子女人数限制的例外规定，对收养孤儿、残疾未成年人以及儿童福利机构抚养的查找不到生父母的未成年人不作此限制。由于孤儿、残疾未成年人以及儿童福利机构抚养的查找不到生父母的未成年人境遇困苦，尤其需要在正常的家庭环境中成长。因此，本法鼓励收养这三类群体的行为，对此三类群体在收养条件上予以适当放宽，免除对此情形下收养人的子女人数限定。

【对照适用】

本条源自原《收养法》第 8 条，变化有二。其一，我国计划生育政策调整为两孩政策，为适应此调整，本条亦作出相应变化：将原来的只能收养一名子女，修改为无子女的收养人可以收养两名子女，有子女的收养人只能收养一名子女，与每个家庭养育两名子女的计划生育政策保持一致。其二，将“儿童”“弃婴和儿童”修改为“未成年人”，适应了本法将被收养人最高年龄提升至 18 岁的变化。

本条的适用存在疑问的是，收养人有两名以上子女的情形，能否收养子女？本条第1款后段的文义并未否定此种情形。“有子女的收养人”并没有对子女人数作出限制，因此可以解释为“有一名子女的收养人”和“有两名以上子女的收养人”。如果严格遵守文义解释，收养人有两名以上子女，可以收养子女。但是根据我国“两孩政策”，每个家庭只能养育两名子女，因此，此处应作限缩解释，即将“有子女的收养人”解释为“有一名子女的收养人”。亦即，收养人有两名以上子女的，不能收养子女。

本条第2款在适用时应考量规范目的，即保护孤儿、残疾未成年人以及儿童福利机构抚养的查找不到生父母的未成年人。放宽收养此三类群体的收养人子女人数的限制条件的目的在于，鼓励收养人收养此三类群体。但在放宽收养子女人数限制的同时，也应注意如下三点：第一，收养子女不仅需要为养子女提供必要的生活条件，还需要养父母对养子女投入情感，因此收养孤儿、残疾未成年人以及儿童福利机构抚养的查找不到生父母的未成年人的人数不宜过多，否则将无法保证每一位被收养人的健康成长。第二，残疾未成年人因身体不健全，收养之后可能需要投入更多的时间精力和养育费用，因此对此类群体的收养尤应评估收养人的具体情况，如收养意愿、经济能力等。第三，应该充分考虑收养人的收养动机，避免收养人以爱心为名收养多名残孤儿童，损害被收养人的合法权益。

第一千一百零一条　有配偶者收养子女，应当夫妻共同收养。

【要义精解】

本条是关于夫妻共同收养的规定。

规定夫妻共同收养的理由有二：其一，由于收养法律行为对身份关系的影响重大，为了保护另一方配偶的合法权益，本法规定有配偶者收养子女的，应当由夫妻共同收养。收养作为身份法律行为，将引起收养各方身份关系上的重大变化，在收养人与被收养人之间成立法律拟制的父母子女关系。根据《民法典》第1111条第1款的规定，自收养关系成立之日起，养父母与养子女间的权利义务关系，适用本法关于父母子女关系的规定；养子女与养父母的近亲属间的权利义务关系，适用本法关于子女与父母的近亲属关系的规定。其二，夫妻共同收养的，夫妻双方对收养行为存在合意，这也有助于夫妻双方共同履行抚养子女的义务，有利于被收养人的成长。

需要注意的是，本法第 1103 条专门针对继父母收养配偶子女所作的规定，并不构成本条的法定例外情形。根据本法第 1103 条的规定，继父或者继母经继子女的生父母同意，可以收养继子女。于此情形，与子女共同生活的生父或者生母与子女之间属于自然直系血亲，其自然血缘联系是客观存在的，不能成立收养关系。因此，有观点认为本法第 1103 条属于夫妻一方单独收养，突破了夫妻共同收养的原则。[1] 然而，此二者实际上并不处于同一个问题层面。收养关系成立后，收养人与被收养人之间形成法律拟制的亲子关系，收养人对被收养人负有抚养、教育和保护的义务，被收养人则对收养人负有赡养义务。在第 1103 条的情形下，生父母及其子女之间的亲子关系已然存在，在法律上与养父母与养子女之间的亲子关系无异，不需要再另行成立收养关系。在第 1103 条的情形下，根据本法第 1093 条和第 1098 条的规定，不能成立收养关系的原因在于，生父母一方作为收养人、该子女作为被收养人的主体不适格。而在论及是否存在夫妻共同收养的例外情形时，评价的决定性因素是在未收养子女的配偶一方主体适格的情形下，收养子女的配偶一方在婚姻存续期间得否单独为收养行为。由此，严格来说，第 1103 条并不构成本条的例外情形。

【对照适用】

本条源于原《收养法》第 10 条第 2 款，仅将“须”改为“应当”，保持了用语统一性。

比较法上，对于夫妻共同收养子女的规定主要有三类：第一，原则上要求有配偶者收养子女应当夫妻双方共同收养，同时规定例外情形，包括夫妻一方不能正常表达意思或者下落不明。这种立法例见于瑞士、奥地利和我国台湾地区。《瑞士民法典》第 264a 条第 1 款规定，夫妻仅得共同收养；其他人不得共同收养。第 264b 条第 2 款规定，已结婚者，如已满 35 岁，且其配偶为继续性无判断能力人或其配偶不知所踪两年以上或依判决夫妻已分居三年以上，因而可证明其共同收养为不可能，得单独收养。《奥地利普通民法典》第 191 条第 2 款规定，已婚者，原则上应由夫妻双方共同收养。但有下列情形之一者，得例外地准许单独收养：夫妻一

〔1〕 最高人民法院民法典贯彻实施工作领导小组主编：《中华人民共和国民法典婚姻家庭编继承编理解与适用》，人民法院出版社 2020 年版，第 385 页。

方收养他方的亲生子女者；夫妻一方因在行为能力或年龄方面不具备收养子女的法定条件而不能收养子女者；夫妻一方的居住地不明至少一年者；夫妻间停止共同生活关系至少三年者；有与此相类似和特别重大的理由足以正当化夫妻一方单独收养者。我国台湾地区“民法”第1074条规定，夫妻收养子女时，应共同为之。但有夫妻之一方收养他方之子女或者夫妻之一方不能为意思表示或生死不明已逾三年的，得单独收养。第二，不要求有配偶者收养子女须夫妻双方共同收养，但规定一方收养子女须以另一方的同意或者允许为前提。这种立法例见于德国和俄罗斯。《德国民法典》第1749条规定，配偶一方单独收养子女，必须征得配偶另一方的允许，如果配偶另一方长期不能作出表示或其居所长期不明，可以不经其允许。《俄罗斯家庭法典》第133条规定，如果子女非由夫妻双方收养，夫妻一方收养子女时须征得另一方对收养的同意。如果夫妻已终止家庭关系，未共同生活一年以上并且另一方配偶住所不明，则无须征得配偶一方对收养子女的同意。第三，规定有配偶者收养子女应当夫妻共同收养，且未规定夫妻一方单独收养的例外情形。韩国即采取这种立法例。《韩国民法典》第874条第1款规定，有配偶者收养子女的，应与配偶共同收养。

那么，我国是否承认夫妻一方单独抚养？有观点认为，我国属于第三种立法例，即只规定有配偶者收养子女应当夫妻共同收养，故夫妻一方不同意收养的，不得收养。[1] 对此，似有商榷空间，尤其是在夫妻一方无行为能力、限制行为能力或者下落不明的情形。首先，于此情形，如果另一方收养子女，既可能对该限制行为能力人或者无行为能力人一方配偶不利，也可能不利于被收养人的成长。因为收养子女一方需要同时照顾无行为能力或者限制行为能力的配偶，又要抚养被收养人，可能无法为被收养人提供适宜的成长环境。然而，也不能仅因此限制具有完全民事行为能力一方收养子女的权利。如果在充分评估收养人的收养能力、收养动机等因素，认为其足以提供被收养人适宜的成长环境，又不影响其履行对限制行为能力或者无行为能力一方配偶的监护职责时，似不应加以限制。其次，对于配偶一方下落不明的情形，又可以分为三种情况，即配偶一方被宣告

---

〔1〕 黄薇主编：《中华人民共和国民法典婚姻家庭编解读》，中国法制出版社2020年版，第281页；最高人民法院民法典贯彻实施工作领导小组主编：《中华人民共和国民法典婚姻家庭编继承编理解与适用》，人民法院出版社2020年版，第382页。

死亡的情形、配偶一方被宣告失踪的情形、配偶一方既未被宣告死亡也未被宣告失踪的情形。

其一，配偶一方被宣告死亡的情形。配偶一方被宣告死亡的，婚姻关系自其被宣告死亡之日起消除。此时，另一方收养子女属于无配偶者收养子女的情形，符合法定条件即可收养，不存在夫妻共同收养的问题。

其二，配偶一方被宣告失踪的情形。配偶一方被宣告失踪的，仅发生失踪一方配偶的财产代管问题，不影响其婚姻关系的存续，因此存在夫妻共同收养的问题。其关键之处在于，在一方配偶下落不明期间，另一方配偶得否单独收养子女，进一步而言，该收养行为的效力如何？本条明确规定，有配偶者收养子女，应当夫妻共同收养。由于身份行为存在较强的伦理性，所以意思自治原则在身份关系上的适用受到极大的限制。[1] 因此，应该把本条作为强行性规范，违反本条规定的收养行为，应属无效。从此前的判决书来看，法官在判决夫妻共同收养问题时，是在效力性强行性规范的性质上认识夫妻共同收养规定的（原《收养法》第 10 条第 2 款）。

其三，配偶一方既未被宣告死亡也未被宣告失踪的情形。此时，夫妻双方的关系存续，下落不明一方配偶的财产也不发生代管问题。配偶一方能否单独收养子女的问题可以参照配偶一方被宣告失踪时的结论，即配偶一方单独收养子女的行为无效。有配偶者收养子女，应当尊重另一方配偶的收养意愿。

第一千一百零二条　无配偶者收养异性子女的，收养人与被收养人的年龄应当相差四十周岁以上。

【要义精解】

本条是关于无配偶者收养异性子女的年龄差的规定。

这一规定的主要目的在于，避免无配偶的收养人借收养之名行侵害被收养人之实。原《收养法》第 9 条仅规定无配偶的男性收养女性的，收养人与被收养人的年龄应当相差 40 周岁以上。该规定主要考虑到无配偶男性收养女性时，有可能出现两性关系方面侵害被收养人的情况。于此情形，收养不仅不能发挥有利于未成年人健康成长的制度功能，反而为此类收养

[1] 李永军：《民法总则》，中国法制出版社 2018 年版，第 579 页。

人提供了侵害女性未成年人权益的机会。后有学者提出，无配偶女性收养男性的，二者年龄也应相差40周岁以上，这既符合男女平等原则，又符合现实情况。

理论上，本条颇具争议。一方面，要求收养人与被收养人的年龄应当相差40周岁以上，往往收养人因年龄太大等原由无法较好地履行抚养教育被收养人的义务，不利于被收养人的成长。另一方面，对收养人与被收养人的年龄差距要求是为了防止我国收养登记机关仅采取形式审查而可能存在的道德风险。比较法上也存在收养人年龄或者收养人与被收养人年龄差距的限制，但此限制旨在确保收养人具有抚养能力，以利于收养效果的发挥，而非在于防止异性收养出现违反伦理和侵害事件的情形。相较于域外收养制度中所设立的较为完善的实质审查制度，如须经法院审查准许才得宣告收养、收养评估制度、试收养制度以及收养后监督回访制度等，我国收养制度是由登记机关进行收养登记，缺乏实质审查。因此，可以通过在异性收养的情形设置年龄限制，以补实质审查之缺。[1] 然而，《民法典》第1105条第5款新增了收养评估制度，各地也展开收养评估试点工作，积累了较为丰富的经验，于此情形，以上理由似难成立。

【对照适用】

本条源自原《收养法》第9条，但将“无配偶的男性收养女性的”修改为“无配偶者收养异性子女的”，体现了男女平等原则。

本条的适用须注意的问题是：第一，无配偶者包括未婚单身、离婚以及配偶死亡或者被宣告死亡的人。配偶下落不明、被宣告失踪或者无行为能力的，均不能视为无配偶者。第二，收养三代以内旁系同辈血亲的子女，可以不受本条限制。本法第1099条对此作了规定。

第一千一百零三条　继父或者继母经继子女的生父母同意，可以收养继子女，并可以不受本法第一千零九十三条第三项、第一千零九十四条第三项、第一千零九十八条和第一千一百条第一款规定的限制。

---

〔1〕最高人民法院民法典贯彻实施工作领导小组主编：《中华人民共和国民法典婚姻家庭编继承编理解与适用》，人民法院出版社2020年版，第387页。

【要义精解】

本条是关于继父母收养继子女的规定。

对于继父母收养继子女的情形，法律既作了限制，也适当放宽。限制之处表现为，继父母如果要收养继子女，须得到继子女的生父母的同意，未经后者同意，不得收养。一般而言，与继子女共同生活的生父或者生母同意继父母收养继子女。所以，本条规定事实上指向未与继子女共同生活的生父或者生母对该收养关系的同意。这是因为，第一，根据《民法典》第 1097 条的规定，生父母送养子女，应当双方共同送养。第二，一旦继父母与继子女之间的收养关系成立，继子女与未与其共同生活的生父或者生母之间的亲子关系消除。对于如此重大的身份关系的变化，必须得到未与继子女共同生活的生父或者生母的同意。第三，继子女与未与其共同生活的生父或者生母之间的亲子关系消除后，继子女不再承担对后者的赡养义务。根据本法第 1069 条的规定，子女对父母的赡养义务，不因父母的婚姻关系变化而终止。然而，根据本法第 1111 条第 2 款的规定，一旦继子女与其继父或者继母的收养关系成立，该继子女与未与其共同生活的生父或者生母间的权利义务关系便因此消除，该继子女也就无须承担对其生父或者生母的赡养义务。第四，继子女与未与其共同生活的生父或者生母之间的亲子关系消除后，继子女丧失对后者的继承权。本法第 1070 条规定，父母和子女有相互继承遗产的权利。继子女既可以继承其生父母的遗产，也可以作为第一顺位人继承与其有抚养关系的继父母的遗产。然而，一旦继子女与继父母之间成立收养关系，继子女与其生父母的亲子关系因收养关系的成立而消除，也因此丧失对其生父母的继承权。

由于继父母收养继子女有利于收养关系的稳定，故本法予以鼓励，对其收养要求适当放宽。这表现为继父母收养继子女可以不受如下限制：第一，被收养的未成年人属于生父母有特殊困难无力抚养的子女。第二，送养人是有特殊困难无力抚养子女的生父母。第三，收养人应当同时具备的五项条件，即无子女或者只有一名子女，有抚养、教育和保护被收养人的能力，未患有在医学上认为不应当收养子女的疾病，无不利于被收养人健康成长的违法犯罪记录，年满 30 岁。第四，无子女的收养人可以收养两名子女；有子女的收养人只能收养一名子女。

【对照适用】

本条源于原《收养法》第 14 条，所参引的条款进行了相应的变动。

第一千一百零四条　收养人收养与送养人送养，应当双方自愿。收养八周岁以上未成年人的，应当征得被收养人的同意。

【要义精解】

本条是关于收养自愿原则的规定。

收养行为属于民事法律行为，必须遵从收养关系相关当事人的意愿，这是民法的核心原则，意思自治原则的体现。法效果的发生始于构成要件之满足。收养行为的法效果是收养关系之产生。其构成要件除了收养人、送养人和被收养人主体适格之外，根据本条规定，还需要满足两项条件。其一，需要收养人与送养人对该法效果的发生存在合意，这要求收养人自愿收养且送养人自愿送养。如果收养人或者送养人有配偶，应当由其配偶共同收养。其二，若仅有这一双方法律行为则未必成立收养关系，还取决于被收养人意思能力之有无。在被收养人不满 8 周岁时，不具备意思能力，因此不须征得其同意；在被收养人已满 8 周岁时，具备一定的意思能力，对于涉及人身关系的变动，能够表达自己的真实意愿，因此需要其作出同意收养的意思表示。

在收养协议的订立中，送养人作为法定代理人代被收养人作出意思表示。这一观点得到较多学者的支持。[1] 其源自德国法，我国台湾地区“民法”第 1076-2 条也作了明确规定：“被收养者未满七岁时，应由其法定代理人代为并代受意思表示。满七岁以上之未成年人被收养时，应得其法定代理人之同意。被收养者之父母已依前二项规定以法定代理人之身份证代为并代受意思表示或为同意时，得免依前条规定为同意。”但这种观点突破了“身份行为不得代理”的规则，理论上尚存疑问。

---

〔1〕 江平主编：《民法学》，中国政法大学出版社 2011 年版，第 722—723 页；余延满：《亲属法原论》，法律出版社 2007 年版，第 405—406 页；周友军：《我国民法典编纂中收养制度的完善》，载《广东社会科学》2019 年第 4 期，第 249 页。

【对照适用】

本条源自原《收养法》第11条，作了两处改动：一是将“须”改为“应当”，保持用语一致；二是调整了应当征得其同意的被收养人的年龄从“十周岁以上”调整为“八周岁以上”。

第一千一百零五条　收养应当向县级以上人民政府民政部门登记。收养关系自登记之日起成立。

收养查找不到生父母的未成年人的，办理登记的民政部门应当在登记前予以公告。

收养关系当事人愿意签订收养协议的，可以签订收养协议。

收养关系当事人各方或者一方要求办理收养公证的，应当办理收养公证。

县级以上人民政府民政部门应当依法进行收养评估。

【要义精解】

本条是关于收养登记、收养公告、收养协议、收养公证以及收养评估的规定。

一、收养登记

收养属于要式法律行为。登记是收养行为的生效要件，事实收养不产生收养法上的法律效力。这一规定在立法史上并非一蹴而就的。由于事实收养使孤儿、残疾未成年人、遗弃儿和生活无法得到有效保障的儿童得到家庭的温暖，针对我国现实情况，1993年《司法部关于办理收养法实施前建立的事实收养关系公证的通知》规定，对于1992年4月1日《收养法》施行之前，收养事实的存在即可成立收养关系。然而，1992年《收养法》第15条针对不同的被收养人的收养行为规定了不同的生效要件。依据该规定，收养查找不到生父母的弃婴和儿童以及社会福利机构抚养的孤儿的，应当向民政部门登记。收养弃婴、儿童和社会福利机构抚养的孤儿以外的儿童的，登记并非生效要件，而应当由收养人和送养人订立书面收养协议，并可以办理收养公证；收养人或者送养人要求办理收养公证的，应当办理收养公证。因此，1992年4月1日之后，收养查找不到生父母的弃婴和儿童以及社会福利机构抚养的孤儿的，收养登记为生效要件。收养弃婴、儿童和社会福利机构抚养的孤儿以外的儿童的，订立书面收养协议为生效要件。这一规定在 1998 年《收养法》修改中得到修正。1998 年修改后的《收养法》第 15 条第 1 款将收养的生效要件统一为登记："收养应当向县级以上人民政府民政部门登记。收养关系自登记之日起成立。"第 25 条更明确规定："违反《中华人民共和国民法通则》第五十五条和本法规定的收养行为无法律效力。收养行为被人民法院确认无效的，从行为开始起就没有法律效力。"《民法典》延续了此规定，要求收养关系必须在县级以上人民政府部门登记，收养关系自登记之日起成立。同时，根据本法第 1113 条的规定，没有进行登记的收养行为无效，无效的收养行为自始没有法律约束力。

二、收养公告

查找不到生父母的未成年人，根据本法第 1093 条第 2 项的规定，可以成为被收养人。根据本条第 2 款，收养此类未成年人，办理登记的民政部门应当在登记前予以公告。这是为了在办理登记之前尽可能地查找未成年人的生父母，使之回归原始家庭，这也是本法第 1044 条所规定的最有利于被收养人的原则的体现。在具体操作方面，根据《中国公民收养子女登记办法》第 7 条的规定，收养查找不到生父母的弃婴、儿童的，收养登记机关应当在登记前公告查找其生父母；自公告之日起满 60 日，弃婴、儿童的生父母或者其他监护人未认领的，视为查找不到生父母的弃婴、儿童。公告期间不计算在登记办理期限内。

三、收养协议

根据本条第 3 款，收养协议并非收养行为生效的前提，收养关系当事人可以根据具体情况自愿选择是否签订收养协议。收养协议的内容应当合法，且不违背公序良俗。在被收养人已满 8 周岁的情形下，收养协议中还应当包括被收养人同意收养的意思表示。收养协议应当以书面形式订立，自双方当事人签字盖章之日起生效。如前所述，在 1992 年《收养法》施行时期，收养弃婴、儿童和社会福利机构抚养的孤儿以外的儿童的，订立书面收养协议为生效要件。这一做法在 1998 年《收养法》修改时被废除。但当事人仍可以自愿选择是否签订收养协议，以更明确地安排各方利益。

四、收养公证

本条第 4 款是关于收养公证的规定。收养公证并非收养的必经程序，但若收养关系的当事人各方或者一方要求办理，就应当办理。收养公证一般是以收养协议为公证内容。公证并非收养的生效要件，仅就收养协议进行公证无法产生收养关系。

五、收养评估

本条第 5 款是本法新增的内容，由此在民事基本法层面建立了收养评估制度。收养评估应当遵循本法第 1044 条所规定的最有利于被收养人的原则。根据本法第 1098 条的规定，收养人应当：（1）无子女或者只有一名子女；（2）有抚养、教育和保护被收养人的能力；（3）未患有在医学上认为不应当收养子女的疾病；（4）无不利于被收养人健康成长的违法犯罪记录；（5）年满 30 周岁。据此，这五项内容应作为收养评估的重要考量因素。在收养评估制度的实践方面，民政部 2015 年颁布的《收养能力评估工作指引》对评估对象、评估机构及人员、评估流程、评估标准以及评估能力等作了规定。

【对照适用】

本条源自原《收养法》第 15 条，作了两处修改。其一，将其第 2 款中的“弃婴和儿童”改为“未成年人”，与本法第 1093 条对被收养人年龄的修改相适应，即将被收养人的范围扩大到 18 周岁以下未成年人。其二，增加了第 5 款“县级以上人民政府民政部门应当依法进行收养评估”，规定了收养评估制度。

一、收养登记

在收养登记方面，针对不同类型的收养人，存在不同的行政规章予以专门规定，如《中国公民收养子女登记办法》《华侨以及居住在香港、澳门、台湾地区的中国公民办理收养登记的管辖以及所需要出具的证件和证明材料的规定》《收养登记工作规范》等。根据不同的被收养人，登记机关也有所不同。第一，收养社会福利机构抚养的查找不到生父母的弃婴、儿童和孤儿的，在社会福利机构所在地的收养登记机关办理登记。第二，收养非社会福利机构抚养的查找不到生父母的弃婴和儿童的，在弃婴和儿童发现地的收养登记机关办理登记。第三，收养生父母有特殊困难无力抚养的子女或者由监护人监护的孤儿的，在被收养人生父母或者监护人常住户口所在地的收养登记机关办理登记。第四，收养三代以内旁系同辈血亲的子女，以及继父或者继母收养继子女的，在被收养人生父或者生母常住户口所在地的收养登记机关办理登记。第五，华侨以及居住在我国香港特区、澳门特区、台湾地区的中国公民在内地收养子女的，应当到被收养人常住户口所在地的直辖市、设区的市、自治州人民政府民政部门或者地区（盟）行政公署民政部门申请办理收养登记。

二、事实收养

对于事实收养问题，民政部等部委先后出台多个规范性文件。《司法部关于办理收养法实施前建立的事实收养关系公证的通知》规定“对于收养法实施前已建立的事实收养关系，当事人可以申办事实收养公证。凡当事人能够证实双方确认共同生活多年，以父母子女相称，建立了事实上的父母子女关系，且被收养人与其生父母的权利义务关系确已消除的，可以为当事人办理收养公证。收养关系自当事人达成收养协议或因收养事实而共同生活时成立。办理事实收养公证由收养人住所地公证处受理”。《民政部、公安部、司法部、卫生部、人口计生委关于解决国内公民私自收养子女有关问题的通知》中根据事实收养发生时间的不同规定了不同的法律效力。

第一，1999 年 4 月 1 日，《收养法》修改决定施行以前国内公民私自收养子女的，依据司法部《关于办理收养法实施前建立的事实收养关系公证的通知》等文件的规定办理。当事人以父母子女身份长期共同生活，且养子女与生父母权利义务关系消除的，可以办理收养公证，收养关系成立。

第二，1999 年 4 月 1 日，《收养法》修改决定施行后国内公民私自收养子女的，按照下列情况办理：（1）收养人符合原《收养法》规定的条件，私自收养非社会福利机构抚养的查找不到生父母的弃婴和儿童，捡拾证明不齐全的，由收养人提出申请，到弃婴和儿童发现地的县（市）人民政府民政部门领取并填写《捡拾弃婴（儿童）情况证明》，经收养人常住户口所在地的村（居）民委员会确认，乡（镇）人民政府、街道办事处审核并出具《子女情况证明》，发现地公安部门对捡拾人进行询问并出具《捡拾弃婴（儿童）报案证明》，收养人持上述证明及《中国公民收养子女登记办法》规定的其他证明材料到弃婴和儿童发现地的县（市）人民政府民政部门办理收养登记。（2）收养人具备抚养教育能力，身体健康，年满 30 周岁，先有子女，后又私自收养非社会福利机构抚养的查找不到生父母的弃婴和儿童，或者先私自收养非社会福利机构抚养的查找不到生父母的弃婴和儿童，后又生育子女的，由收养人提出申请，到弃婴和儿童发现地的县（市）人民政府民政部门领取并填写《捡拾弃婴（儿童）情况证明》，发现地公安部门出具《捡拾弃婴（儿童）报案证明》。弃婴和儿童发现地的县（市）人民政府民政部门应公告查找其生父母，并由发现地的社会福利机构办理入院登记手续，登记集体户口。对于查找不到生父母的弃婴、儿童，按照收养社会福利机构抚养的弃婴和儿童予以办理收养手续。由收养人常住户口所在地的村（居）民委员会确认，乡（镇）人民政府、街道办事处负责审核并出具收养前当事人《子女情况证明》。在公告期内或收养后有检举收养人政策外生育的，由人口计生部门予以调查处理。确属政策外生育的，由人口计生部门按有关规定处理。捡拾地没有社会福利机构的，可到由上一级人民政府民政部门指定的机构办理。(3) 收养人不满30周岁，但符合收养人的其他条件，私自收养非社会福利机构抚养的查找不到生父母的弃婴和儿童且愿意继续抚养的，可向弃婴和儿童发现地的县（市）人民政府民政部门或社会福利机构提出助养申请，登记集体户口后签订义务助养协议，监护责任由民政部门或社会福利机构承担。待收养人年满30周岁后，仍符合收养人条件的，可以办理收养登记。(4) 单身男性私自收养非社会福利机构抚养的查找不到生父母的女性弃婴和儿童，年龄相差不到40周岁的，由当事人常住户口所在地的乡（镇）人民政府、街道办事处，动员其将弃婴和儿童送交当地县（市）人民政府民政部门指定的社会福利机构抚养。夫妻双方在婚姻关系存续期间私自收养女性弃婴和儿童，后因离婚或者丧偶，女婴由男方抚养，年龄相差不到40周岁，抚养事实满一年的，可凭公证机构出具的抚养事实公证书，以及人民法院离婚判决书、离婚调解书、离婚证或者其妻死亡证明等相关证明材料，到县（市）人民政府民政部门申请办理收养登记。(5) 私自收养生父母有特殊困难无力抚养的子女、由监护人送养的孤儿，或者私自收养三代以内同辈旁系血亲的子女，符合原《收养法》规定条件的，应当依法办理登记手续；不符合条件的，应当将私自收养的子女交由生父母或者监护人抚养。

第三，私自收养发生后，收养人因经济状况、身体健康等原因不具备抚养能力，或者收养人一方死亡、离异，另一方不愿意继续抚养，或者养父母双亡的，可由收养人或其亲属将被收养人送交社会福利机构抚养（被收养人具备完全民事行为能力的除外）。其亲属符合收养人条件且愿意收养的，应当依法办理收养登记。

第四，对于不符合上述规定的国内公民私自收养，依据原《收养法》及相关法律法规的规定，由当事人常住户口所在地的乡（镇）人民政府、街道办事处，动员其将弃婴或儿童送交社会福利机构抚养。

三、收养协议

收养协议虽不再是收养行为的生效要件，但对于1992年《收养法》施行至1998年《收养法》修改决定施行以前收养弃婴、儿童和社会福利机构抚养的孤儿以外的儿童的，收养关系因收养协议之签订而发生，应当承认其法律效力。此外，对于国内收养而言，一般不要求签订收养协议，但对于以下三类情形，应当签订收养协议：第一，儿童福利机构进行涉外送养的，根据《民政部关于社会福利机构涉外送养工作的若干规定》的要求，收养人和送养人应当订立书面收养协议。第二，收养被拐获救未成年人的，根据《民政部、公安部关于开展查找不到生父母的打拐解救儿童收养工作的通知》的要求，办理收养登记前，儿童福利机构应当与收养家庭签订收养协议。第三，外国人来华收养子女的，根据《外国人在中华人民共和国收养子女登记办法》第9条的规定，应当与送养人订立书面收养协议。

第一千一百零六条　收养关系成立后，公安机关应当按照国家有关规定为被收养人办理户口登记。

【要义精解】

本条是关于被收养人户口登记的规定。

由于户口登记簿和户口簿登记的事项，具有证明公民身份的效力。自收养关系成立之日起，收养人与被收养人之间成立了法律拟制的亲子关系，养父母与养子女之间的权利义务关系，适用《民法典》关于父母子女关系的规定。这一身份关系的变更，应当在户口登记簿上得到体现。根据《中国公民收养子女登记办法》第8条的规定，收养关系成立后，需要为被收养人办理户口登记或者迁移手续的，由收养人持收养登记证书到户口登记机关按照国家有关规定办理。

根据《户口登记条例》第3条第1款的规定，户口登记工作，由各级公安机关主管。据此，公安机关是户口登记工作的主管机关，因收养而导致的身份关系变更，应当由公安机关为被收养人办理户口登记。不同的被收养人，所需办理的户口登记类型有所差异。具体而言，户口登记类型包括原始的户口登记和户口迁移。对于孤儿、生父母有特殊困难无力抚养的子女，因其户籍可能已经落在其生父母或者其他监护人处，公安机关应当为其办理户口的迁移手续。对于儿童福利机构所抚养的查找不到生父母的未成年人，由于无法查知其生父母而无法得知其原始户籍所在地，公安机关应当为被收养人办理原始的户籍登记手续。

【对照适用】

本条源于原《收养法》第16条，内容无实质修改，仅将“公安部门”修改为“公安机关”，使表述与《户口登记条例》的规定保持一致。

依据《司法部关于贯彻执行〈中华人民共和国收养法〉若干问题的意见》的规定，对当事人之间抚养的事实已办理公证的，抚养人可持公证书、本人的合法有效身份证件及相关证明材料，向其常住户口所在地的户口登记机关提出落户申请，经县、市公安机关审批同意后，办理落户手续。

需要注意的是，公安机关为被收养人办理户口登记，需要依照国家有关规定进行。不同城市关于户口登记的规定可能有所不同，各地公安机关应当严格依照有关规定办理被收养人的户口登记。

第一千一百零七条　孤儿或者生父母无力抚养的子女，可以由生父母的亲属、朋友抚养；抚养人与被抚养人的关系不适用本章规定。

【要义精解】

本条是关于抚养不适用收养规则的规定。

在理论上，抚养是指长辈对晚辈的扶养。抚养的上位概念是扶养，后者有广义和狭义之分。广义的扶养是指一定范围的亲属间相互供养和扶助的法定权利义务关系。广义的扶养包括长辈亲属对晚辈亲属的抚养、晚辈亲属对长辈亲属的赡养以及平辈亲属间的扶养。《民法典》所规定的抚养主体的范围不限于亲属之间，包括三种类型：一是父母对未成年子女的抚养（本法第1058条）；二是有负担能力的祖父母、外祖父母对父母已经死亡或者父母无力抚养的未成年孙子女、外孙子女的抚养（本法第1074条第1款）；三是生父母的亲属、朋友对孤儿或者生父母无力抚养的子女的抚养（本条）。前两者均为法定义务，本条所规定的抚养则并非法定义务，而是基于个人意志，因此不能强制，而应予以鼓励。

由于生父母的亲属、朋友对孤儿或者生父母无力抚养的子女的抚养非法定义务，因此抚养不适用收养制度。这有三层含义：第一，抚养不需要满足收养的实体条件，如被收养人的条件、送养人的条件、收养人的条件等；第二，抚养关系的生效不以登记为要件；第三，抚养不在抚养人与被抚养人之间产生父母子女的权利义务关系，不消除被抚养人与其生父母之间的亲子关系。

【对照适用】

本条源自原《收养法》第17条，内容无实质性修改。

关于抚养的顺序问题。首先，原则上有负担能力的祖父母、外祖父母优先。根据《民法典》第1074条第1款的规定，有负担能力的祖父母、外祖父母对父母已经死亡或者父母无力抚养的未成年孙子女、外孙子女的抚养属于法定义务，而本条所规定的抚养并非生父母的亲属、朋友的法定义务，因此前者可以优先于后者。此外，对于配偶一方死亡、另一方送养未成年子女的情形，根据本法第1108条的规定，死亡一方的父母有优先抚养的权利。其次，在有负担能力的祖父母、外祖父母不愿意抚养孤儿或者父母无力抚养的未成年人，且生父母的其他亲属、朋友有多人愿意抚养的情形下，应当按照最有利于未成年人的原则，结合抚养能力、抚养意愿、亲等远近等因素综合判断。被抚养人8周岁以上的，应当征得本人同意。

第一千一百零八条　配偶一方死亡，另一方送养未成年子女的，死亡一方的父母有优先抚养的权利。

【要义精解】

本条规定了祖父母、外祖父母的优先抚养权。

父母有教育、保护未成年子女的权利和义务，《民法典》第1068条在一般意义上规定了亲权制度。亲权是父母基于其身份，依据法律规定而当然发生的。其只存在于父母与其未成年子女之间，以保护教养未成年子女为目的。亲权的内容包括人身照护和财产照护。其中，人身照护包括保护和教育权、姓氏决定权、住所指定权、交还子女请求权以及身份行为的代理权和同意权。送养未成年子女为他人的养子女的权利属于身份行为的代理权和同意权。亲权的行使遵循父母共同行使的原则；在配偶一方死亡的情形下，由生存一方独自行使对子女的亲权。根据本法第 1093 条第 3 项的规定，在生存一方有特殊困难无力抚养未成年子女的情形下，可以将该未成年子女送养。

但是，父母行使亲权并非毫无限制。亲权是专为保护未成年子女的利益而存在的，父母基于身份依照法律规定而享有的权利，正是为了保护未成年子女的合法权益。因此，依据本法第 1044 条第 1 款所规定的收养应当遵循最有利于被收养人的原则，是否成立收养应该结合收养是否有利于未成年人的健康成长来判断。

针对配偶一方死亡，另一方有特殊困难无力抚养未成年子女的情形，本法在收养制度之外，还设置了抚养制度。于此情形，根据本法第 1074 条第 1 款和第 1075 条第 1 款的规定，有负担能力的祖父母、外祖父母与有负担能力的兄、姐对未成年人均有抚养的义务。在祖父母、外祖父母尚健在的情形下，观念上通常认为由祖父母、外祖父母优先抚养该未成年人。祖孙关系属于隔代亲属，包括祖父母与孙子女、外祖父母与外孙子女。随着社会的变迁，家庭结构虽然已经由直系家庭制向夫妻家庭制过渡，以夫妻关系和父母子女关系为中心的核心家庭成为主要的家庭模式，但祖孙关系仍然是具有现代意义的家庭关系。考虑到祖父母、外祖父母与孙子女、外孙子女之间为直系血亲，且二者往往存在较为紧密的情感联系，因此，在父母无法抚养未成年子女时，由祖父母、外祖父母抚养该未成年子女，对后者的成长是有利的。基于未成年人保护的原则，在配偶一方死亡，另一方送养未成年子女的情形下，本条赋予死亡一方的父母优先抚养的权利。

【对照适用】

本法源自原《收养法》第 18 条。

在适用本条时，应结合《民法典》第 1074 条第 1 款的规定和保护未成年人合法权益原则，对享有优先抚养权的祖父母、外祖父母的优先抚养权设定一定的条件。首先，行使优先抚养权的祖父母、外祖父母应当有负担能力。虽然抚养人与被抚养人的关系不适用收养的规定，但出于保护未成年人的合法权益原则，应当要求抚养人：（1）具备抚养、教育和保护未成年人的能力；（2）未患有在医学上认为不应当抚养未成年人的疾病；（3）无不利于未成年人健康成长的违法犯罪记录。同时，被收养人8周岁以上的，是否由其祖父母、外祖父母抚养，应当征得本人同意。

此外，祖父母、外祖父母的优先抚养权的行使也应当受到限制。优先抚养权人未在合理期限内行使优先抚养权的，生存一方的父或者母可以依法单独送养子女。

第一千一百零九条　外国人依法可以在中华人民共和国收养子女。

外国人在中华人民共和国收养子女，应当经其所在国主管机关依照该国法律审查同意。收养人应当提供由其所在国有权机构出具的有关其年龄、婚姻、职业、财产、健康、有无受过刑事处罚等状况的证明材料，并与送养人签订书面协议，亲自向省、自治区、直辖市人民政府民政部门登记。

前款规定的证明材料应当经收养人所在国外交机关或者外交机关授权的机构认证，并经中华人民共和国驻该国使领馆认证，但是国家另有规定的除外。

【要义精解】

本条是关于外国人在中国收养子女的规定。

外国人在中国收养子女，属于跨国收养的范畴，是我国涉外婚姻家庭制度的重要组成部分。随着社会观念的变迁和国内可供收养的儿童数量不足，跨国收养逐渐成为国际社会的普遍现象。在我国，1992年《收养法》第20条在法律层面确认了外国人收养。2005年4月27日，全国人民代表大会常务委员会作出《关于批准〈跨国收养方面保护儿童及合作公约〉的决定》，我国正式成为该公约的缔约国。目前，我国已经与澳大利亚、比利时、加拿大、丹麦、芬兰、法国、冰岛、爱尔兰、新西兰、荷兰、挪威、新加坡、西班牙、瑞典、英国、美国和意大利等17个国家建立了收养合作关系。

外国人在中国收养子女的情形，收养的条件和手续、效力以及解除与中国公民收养子女所适用的法律有所不同。《涉外民事关系法律适用法》第28条规定了涉外收养的法律适用问题："收养的条件和手续，适用收养人和被收养人经常居所地的法律。收养的效力，适用收养时收养人经常居所地法律。收养关系的解除，适用收养时被收养人经常居所地法律或者法院地法律。”据此，外国人在华收养子女的，收养的条件和手续，除了适用收养人经常居所地的法律，还应当适用被收养人经常居所地的法律。《外国人在中华人民共和国收养子女登记办法》详细规定了外国人来华收养子女应当履行的手续和提交的材料。本条则在民事基本法层面对此作了规定。

根据本条的规定，外国人在华收养子女除了本法规定的收养行为成立的要件之外，还需要符合以下条件。

第一，收养人应当经其所在国主管机关依照该国法律审查同意。这一规定保持了《涉外民事关系法律适用法》第 28 条关于“收养的条件和手续，适用收养人和被收养人经常居所地的法律”的规定。

第二，收养人应当提供其所在国有权机构出具的相关证明材料。这些证明材料应当充分表明该收养人年龄、婚姻、职业、财产、健康、有无受过刑事处罚等状况。根据《外国人在中华人民共和国收养子女登记办法》第 4 条规定，外国人应当提交的文件包括：（1）跨国收养申请书；（2）出生证明；（3）婚姻状况证明；（4）职业、经济收入和财产状况证明；（5）身体健康检查证明；（6）有无受过刑事处罚的证明；（7）收养人所在国主管机关同意其跨国收养子女的证明；（8）家庭情况报告，包括收养人的身份、收养的合格性和适当性、家庭状况和病史、收养动机以及适合于照顾儿童的特点等。上述证明文件原则上需要由收养人所在国有权机构出具，同时，根据本条第 3 款的规定，经其所在国外交机关或者外交机关授权的机构认证，并经中华人民共和国驻该国使领馆认证。本条第 3 款还新增了但书规定，即在国家另有规定的情形下，上述证明材料可以不经收养人所在国外交机关或者外交机关授权的机构认证并经中华人民共和国驻该国使领馆认证。这一但书内容主要是考虑到，目前我国正在认真考虑、积极推动加入《关于取消外国公文书认证要求的公约》，但书条款的规定为将来加入该公约并履行公约相关义务留下解释空间。

第三，收养人应当与送养人签订书面协议。《外国人在中华人民共和国收养子女登记办法》第 9 条第 1 款规定：“外国人来华收养子女，应当与送养人订立书面收养协议。协议一式三份，收养人、送养人各执一份，办理收养登记手续时收养登记机关收存一份。”外国人在华收养子女，与送养人签订书面收养协议为收养的成立要件。根据《民法典》第 1105 条第3款的规定，中国公民收养子女的，收养协议并非收养行为的成立要件。之所以作此区别，因为在涉外收养中，被收养人可能面临国籍、社会关系和生活环境的重大改变，更有必要以书面形式对权利义务作出明确安排。

第四，收养人应当向省、自治区、直辖市人民政府民政部门登记。国内收养的登记机关是县级以上人民政府民政部门。对于涉外收养，为了加强监督管理，本条限制办理涉外收养登记的民政部门的级别，规定涉外收养应当向省、自治区、直辖市人民政府民政部门登记。

第五，收养人应当亲自登记。《外国人在中华人民共和国收养子女登记办法》第8条规定："外国人来华收养子女，应当亲自来华办理登记手续。夫妻共同收养的，应当共同来华办理收养手续；一方因故不能来华的，应当书面委托另一方。委托书应当经所在国公证和认证。"据此，外国人单独收养子女的，必须亲自来华办理登记；夫妻共同收养的，至少夫妻一方亲自来华登记，且须提供经收养人所在国公证和认证的委托书。

【对照适用】

本条源自原《收养法》第21条，并作了如下修改：第一，将原第1款中有关涉外收养的法律依据由"依照本法"改为"依法"，表明涉外收养不仅应当遵守《民法典》中有关收养的规定，也应该遵守其他法律法规中有关涉外收养的规定。第二，将原第2款中关于"该证明材料应当经其所在国外交机关或者外交机关授权的机构认证，并经中华人民共和国驻该国使领馆认证"的规定单列成款，作为本条第3款内容，同时增加了但书条款，即"国家另有规定的除外"。第三，删除原第3款关于办理收养公证的规定。本法第1105条第4款已经对此作了规定，原第3款如果继续保留，将构成重复规定，因此予以删除。第四，作了少数文字修改，如将原第2款中的"有关收养人的"改为"其"，将原第2款中的"订立"改为"签订"，增加了"自治区、直辖市"，以及在原第2款第3句前增加"并"以更好地适应规定内容的调整。

第一千一百一十条　收养人、送养人要求保守收养秘密的，其他人应当尊重其意愿，不得泄露。

【要义精解】

本条是关于收养保密的规定。

收养秘密属于收养人、送养人的隐私，受《民法典》保护。收养关系属于本法第 1032 条和第 1033 条所规定的隐私权保护的范畴。自收养关系成立之日起，养父母与养子女之间成立了拟制的父母子女关系，养子女与养父母的近亲属间成立了拟制的亲属关系，且养子女与生父母以及其他近亲属间的权利义务关系因此消除。收养关系的成立，使收养相关当事人的身份关系发生了重大改变。为了保护个人的私人生活安宁不受打扰，收养人和送养人往往不愿意收养秘密被他人知晓。因此，本条特别规定了收养程序所涉各方主体应当尊重收养人、送养人保守收养秘密的意愿，不得泄露的义务。保密义务的主体包括儿童福利机构、公安机关、收养登记机关及其工作人员等收养过程中知晓收养信息的人。

比较法上，秘密收养是完全收养的一项基本原则。《德国民法典》第 1758 条第 1 款规定："非经收养人和被收养人同意，不得披露或探问适合于透露收养及其情事的事实，但公共利益上的特殊原因要求这样做的除外。"美国法上严格坚持秘密收养。《美洲国家间关于未成年人收养的法律冲突公约》明确规定，在需要对收养进行保密的地方，应保证收养的秘密不被泄露。如果查阅被收养的未成年人及其亲生父母的健康状况的医院证明，也只能告知符合法定条件的适当人员，并不得公开被收养人及其亲生父母的姓名以及其他能证明其身份的资料。在美国收养法的发展过程中，秘密收养成为习惯。在收养过程中，养父母和被收养人一般都不知晓养子女的生父母的身份。为保守收养秘密，收养记录通常被封存，直至养子女成年。有些州甚至要求永久封存收养记录，记录的公开仅基于法院命令或者正当理由（不包括被收养人"寻找真正身份"的要求）。但近年来，有立法提案基于宪法反对秘密收养。其后，美国法通过登记制度对收养人、送养人的隐私权与被收养人的知情权之间的冲突进行了调整。收养登记制度为成年的被收养人及其生父母提供机会，要求双方就是否愿意相认进行登记；如果双方都进行了登记，则可以相认。[1] 英国法上，完全收养实行

〔1〕［美］哈里·D. 格劳斯、［美］大卫·D. 梅耶：《美国家庭法精要》，陈苇译，中国政法大学出版社 2010 年版，第 100 页。

收养保密，简单收养则规定了收养信息披露制度。

【对照适用】

本条源自原《收养法》第22条，内容基本未作修改。

本条在适用中应当充分尊重当事人的意思自治。本条规定："收养人、送养人要求保守收养秘密的，其他人应当尊重其意愿，不得泄露。"从文义上看，仅对收养人、送养人明确要求保守收养秘密时，其他人才负有保密义务。那么，在收养人、送养人没有要求保守收养秘密的情形下，其他人是否还负有保密义务？对此应当作出如下解释：收养人、送养人没有明确要求保守收养秘密的情形下，如果收养人、送养人明确同意披露收养信息的，其他人可以在收养人、送养人同意披露信息的范围内以适当方式予以披露；如果收养人、送养人既未明确要求保守收养秘密，也未明确反对披露的，基于收养秘密的隐私属性，其他人应当负有保密义务，不得披露。

第二节　收养的效力

第一千一百一十一条　自收养关系成立之日起，养父母与养子女间的权利义务关系，适用本法关于父母子女关系的规定；养子女与养父母的近亲属间的权利义务关系，适用本法关于子女与父母的近亲属关系的规定。

养子女与生父母以及其他近亲属间的权利义务关系，因收养关系的成立而消除。

【要义精解】

本条是关于收养拟制效力的规定。

首先，收养在收养人与被收养人之间成立了拟制的父母子女关系。根据本条第1款前段的规定，自收养关系成立之日起，养父母与养子女间的权利义务关系，适用《民法典》关于父母子女关系的规定。根据本法第26条的规定，养父母对未成年养子女负有抚养、教育和保护的义务。成年养子女对养父母负有赡养、扶助和保护的义务。根据本法第1067条的规定，养父母不履行抚养义务的，未成年养子女或者不能独立生活的成年养子女，有要求养父母给付抚养费的权利。成年养子女不履行赡养义务的，缺乏劳动能力或者生活困难的养父母，有要求成年养子女给付赡养费的权利。根据第1069条的规定，养子女对养父母的赡养义务，不因养父母的婚姻关系变化而终止。根据第1070条的规定，养父母和养子女有相互继承遗产的权利。

其次，养子女与养父母的近亲属之间成立了拟制的亲属关系。养父母的近亲属包括养父母的父母、子女、兄弟姐妹、祖父母、外祖父母、孙子女、外孙子女。根据本法第27条第2款的规定，未成年人的父母已经死亡或者没有监护能力的，由祖父母、外祖父母，兄、姐按顺序担任监护人。根据本法第28条的规定，被收养人成年后为限制民事行为能力人的情形，其配偶、父母、子女如果无法担任监护人的，其他近亲属可以优先于其他愿意担任监护人的个人或者组织担任该被收养人的监护人。根据第1074条的规定，养父母已经死亡或者养父母无力抚养的未成年被收养人，有负担能力的祖父母、外祖父母有抚养的义务。对于养父母已经死亡或者养父母无力赡养的祖父母、外祖父母，有负担能力的养子女对后者有赡养义务。根据第1075条的规定，有负担能力的兄、姐，对于养父母已经死亡或者养父母无力抚养的未成年被收养人，有抚养的义务。由兄、姐抚养长大的有负担能力的被收养人，对于缺乏劳动能力又缺乏生活来源的兄、姐，有扶养的义务。

再次，养子女与生父母以及其他近亲属间的权利义务关系消除。收养成立且生效后，被收养人与其生父母之间仍然具有自然血亲关系，但在法律上父母子女之间的权利义务关系被消除。生父母不再对该被收养人承担抚养、教育和保护的义务，不再作为其监护人，生父母与被收养人之间不享有相互继承遗产的权利。与此同时，养子女与生父母的其他近亲属之间的权利义务关系也消除。通过这一法律拟制，养子女与养父母、生父母之间的权利义务关系得到明确，也有利于收养关系的稳定。

【对照适用】

本条源于原《收养法》第23条，将所适用的关于父母子女关系的规定从原来的“法律”限于“本法”。

第一千一百一十二条　养子女可以随养父或者养母的姓氏，经当事人协商一致，也可以保留原姓氏。

【要义精解】

本条是关于养子女姓氏的规定。

根据《民法典》第1015条的规定，自然人原则上应当随父姓或者随母姓。收养行为生效后，养父母与养子女之间发生父母子女的权利义务关系，养子女获得养父母婚生子女的法律地位。故本条前段规定，养子女可以随养父或者养母的姓氏。这包含两层含义：第一层含义是，养子女应当随养父母的姓氏。首先，养子女既然获得养父母婚生子女的法律地位，原则上应当随养父母姓，而非随生父母姓。收养的效力既包括在养父母与养子女之间成立法律拟制的亲子关系，也包括养子女与其生父母之间的亲子关系的消除。虽然养子女与其生父母之间的血缘关系依然存在，无法被收养行为所切断，但二者之间法律上的权利义务关系却因收养之成立而不复存在。由此，根据本法第1015条前段的规定，养子女的姓氏选取原则上应当随养父母，而非生父母。其次，养子女随养父母的姓氏，可以更为直观地体现养子女身份地位和权利义务关系的转换，有助于促进家庭和睦与收养关系的稳定。第二层含义是，养子女可以随养父的姓氏，也可以随养母的姓氏。姓氏象征着家族血脉的传承，在不同的社会观念下，姓氏的选取规则有所不同。在母系氏族社会，子女隶属于以女性作为始祖的族群，跟随母亲的姓氏；进入父系社会之后，子女归于父族，跟随父亲的姓氏；近现代社会以来，男女平等的观念逐渐普及，姓氏的选取更为自由，子女既可以随父姓，也可以随母姓。本法第1041条第2款规定，我国实行男女平等的婚姻制度，在子女姓氏的选取上，也遵守男女平等原则。因此，本条前段在养子女姓氏的选取上规定可以随养父姓，也可以随养母姓。

本条后段规定了养子女姓氏选取的例外规定，即经当事人协商一致，也可以保留原姓氏。首先，这一规定符合本法第1015条所规定的自然人姓氏选取规则的但书规定。该条第1款规定了子女姓氏选取的三种例外情形，即以下三种情形子女可以在父姓和母姓之外选取姓氏：（1）选取其他直系长辈血亲的姓氏；（2）因由法定扶养人以外的人扶养而选取扶养人姓氏；（3）有不违背公序良俗的其他正当理由。本条后段的规定应当属于第 1015 条第 1 款规定的第三种例外情形，即有不违背公序良俗的其他正当理由。其次，自然人享有姓名权，有权依法决定、使用、变更或者许可他人使用自己的姓名，但是不得违背公序良俗。本法第 1012 条对此作了规定。据此，自然人可以在有不违背公序良俗的其他正当理由的情况下，选择父姓或者母姓之外的其他姓氏。本条后段规定，经当事人协商一致，养子女也可以保留原姓氏。这是意思自治原则在自然人姓氏选取中的体现。

【对照适用】

本条源自原《收养法》第 24 条，内容无实质修改，仅在表述上将“姓”修改为“姓氏”，用语更加规范。

第一千一百一十三条　有本法第一编关于民事法律行为无效规定情形或者违反本编规定的收养行为无效。

无效的收养行为自始没有法律约束力。

【要义精解】

本条是关于收养行为无效的规定。

一、收养行为之无效事由

收养行为的无效是指法律按照一定的标准对于已成立的收养行为进行评价后所得的否定性结论，亦即，收养行为因不具备生效条件而使得当事人预设的法律后果不能发生。根据本条第 1 款，收养行为无效的事由有两大类：一是具备民法典总则编关于民事法律行为无效规定情形，二是违反本编规定。

第一类收养行为的无效事由，即具备民法典总则编关于民事法律行为无效规定的情形可以分为如下具体事由。第一，行为人不具有相应的民事行为能力。这一无效事由又可分为：（1）行为人无民事行为能力。根据《民法典》第 144 条的规定，无民事行为能力人实施的民事法律行为无效。因此，无民事行为能力人所实施的收养行为无效。（2）行为人为限制民事行为能力人。根据本法第 1098 条第 2 项的规定，收养人应当有抚养、教育和保护被收养人的能力。“抚养、教育和保护被收养人的能力”，要求收养人在身体、智力、经济、道德品行以及教育子女等各个方面均有能力实现对未成年子女的抚养、教育和保护，能够履行父母对未成年子女应尽的义务。收养这一变更身份关系的法律行为与限制民事行为能力人的年龄、智力、精神健康状况不相适应，故其所实施的收养行为也应当无效。第二，以虚假的意思表示实施的收养行为。根据本法第 146 条第 1 款的规定，行为人与相对人以虚假的意思表示实施的民事法律行为无效。所谓虚假的法律行为，是指在意思表示需要受领的法律行为中，意思表示的表意人与意思表示的受领人一致同意（通谋）而作出的旨在掩盖另外一项法律行为的外在的法律行为。据此，收养人与送养人以虚假的意思表示实施的收养行为无效。第三，违反法律与行政法规的强制性规定的收养行为。我国关于收养的法律有《刑法》《未成年人保护法》《涉外民事关系法律适用法》以及原《收养法》等，行政法规有《中国公民收养子女登记办法》《外国人在中华人民共和国收养子女登记办法》等。例如，借收养之名拐卖儿童或者出卖亲生子女构成犯罪，该收养行为无效。第四，违背公序良俗的收养行为。根据本法第 8 条和第 153 条第 2 款的规定，民事主体从事民事活动，不得违反公序良俗，违反公序良俗的民事法律行为无效。第五，行为人与相对人恶意串通、损害他人合法权益的收养行为。这一无效事由与以虚假的意思表示实施的收养行为非常相似，二者都具有“通谋性”，但通谋的内容不同：后者的通谋在于双方都不具有效果意思，而前者的效果意思是真实的，双方也追求该意思的发生，且其目的在于使收养行为的效果损害第三人利益。

第二类收养行为的无效事由，即违反民法典婚姻家庭编的规定。具体可分为：（1）被收养人不适格；（2）送养人不适格；（3）收养人不适格；（4）违反自愿原则；（5）违反登记程序。如果收养行为符合上述无效事由，收养行为无效。

收养无效的权利主张之归属，不以当事人为限，任何人均可主张其无效。但收养行为无效之宣告，应当由法院作出。法院在诉讼中发现有导致收养行为无效的事由，也可以直接认定收养行为无效。[1]

二、收养行为无效之法律后果

本条第 2 款规定，无效的收养行为自始没有法律约束力。本法第 155 条在一般意义上规定了民事法律行为无效的后果，即民事法律行为

〔1〕 李永军：《民法总则》，中国法制出版社 2018 年版，第 698 页。

自始没有法律约束力。本条明确规定了收养行为也遵循此原则。也即，收养行为被确认无效后，收养行为自始对各方当事人不具有法律约束力。具体表现为：第一，收养人与被收养人之间不存在法律拟制的父母子女关系。第二，恢复原状。根据本法第 157 条第 1 句的规定，民事法律行为无效，行为人因该行为取得的财产，应当予以返还；不能返还或者没有必要返还的，应当折价补偿。收养行为被确认无效的情形，在收养行为成立后至被确认无效前，因缺乏可由收养行为效力提供的支撑，收养人对未成年人的抚养、教育所支出的费用无法律依据，构成送养人的不当得利，收养人有权请求送养人返还不当利益。第三，基于缔约过失而产生的赔偿责任。根据本法第 157 条第 2 句的规定，有过错的一方应当赔偿对方由此受到的损失；各方都有过错的，应当各自承担相应的责任。法律另有规定的，依照其规定。收养行为因欠缺法定生效要件而无效的，如果一方当事人对此存在过错，如隐瞒相关信息，则应对另一方当事人承担缔约过失责任。

【对照适用】

本条源自原《收养法》第 25 条。该条第 1 款规定，“违反《中华人民共和国民法通则》第五十五条和本法规定的收养行为无法律效力”。该条第 2 款规定，“收养行为被人民法院确认无效的，从行为开始时起就没有法律效力”。原《民法通则》第 55 条规定，民事法律行为应当具备下列条件：(1) 行为人具有相应的民事行为能力；(2) 意思表示真实；(3) 不违反法律或者社会公共利益。

比较法上看，收养效力的立法模式上大致有四类。

第一，同时规定了收养行为的无效和可撤销。典型的如日本、我国台湾地区。日本法严格限制收养行为的无效。《日本民法典》第 802 条规定，收养仅在下列情形无效：(1) 因认错人或其他事由，当事人之间无实行收养的意思时；(2) 当事人不进行收养申报时。但是，其申报仅欠缺第 739 条第 2 款所载条件时，收养不因此而妨碍其效力。同时，《日本民法典》第 804 条至第 808 条分别规定了收养行为的撤销，可撤销情形包括养父母系未成年人、养子女系尊亲属、监护人与被监护人之间未经许可、配偶不同意、监护人不同意以及未经许可的养子女为未成年人。我国台湾地区“民法”第 1079-4 条和第 1079-5 条分别规定了收养的无效和撤销。根据第1079-4条的规定，收养子女应符合下列要求，否则无效：(1) 收养人的年龄应长于被收养人20岁以上；夫妻共同收养时，夫妻一方长于被收养人20岁以上，另一方至少长于被收养人16岁以上；夫妻一方收养另一方子女时，应长于被收养人16岁以上。(2) 不得收养直系血亲、直系姻亲、六亲等以内旁系血亲及五亲等以内旁系姻亲中的辈分不相当者。(3) 除夫妻共同收养外，一人不得同时为二人之养子女；子女被收养时，应得其父母同意，但有两种情形除外，一是父母一方或双方对子女未尽保护教养义务或有其他显然不利于子女的情事而拒绝同意，二是父母一方或双方事实上不能为意思表示。(4) 被收养人未满7岁时，应由其法定代理人代为并代受意思表示。(5) 收养应以书面为之，并向法院声请认可。根据第1079-5条的规定，收养子女违反下列规定时可得撤销：(1) 夫妻收养子女的，应共同为之，除非夫妻一方收养另一方的子女或者夫妻一方不能为意思表示或生死不明已逾3年；(2) 夫妻一方被收养时，应经另一方的同意，但另一方不能为意思表示或生死不明已逾3年者，不在此限；(3) 已满7岁的未成年人被收养时，应征得其法定代理人的同意。

第二，只规定了收养行为的无效，没有规定收养行为的可撤销。典型的如我国。本条即规定了收养的无效事由，但本法未规定收养的撤销。

第三，只规定了收养行为的撤销。典型的如瑞士。《瑞士民法典》第269条和第269a条规定了收养的撤销。根据该法第269条的规定，无法定事由而未取得同意者，有同意权的人，得向法院提起撤销收养的诉讼，但撤销收养会严重影响养子女利益者，不在此限。生父母得就儿童保护机构的决定上诉于联邦最高法院者，不得提起撤销之诉。根据该法第269a条的规定，收养有其他严重瑕疵者，任何有利害关系的人，特别是原籍地或住所地的乡镇，亦得提起撤销之诉。但其瑕疵在收养后得到补全或仅涉及程序规定者，不得提出撤销之诉。

第四，禁止收养行为的撤销，仅在特殊情况下允许废止收养。典型的如德国。德国法上，收养原则上不能撤销并且是终局的，因为新的父母子女关系必须在牢固的法律基础上才得以发展。无论是收养程序有瑕疵，还是收养人和子女之间的关系出现裂痕，都不能作为解除收养关系的正当理由。但《德国民法典》对这一原则也规定了例外情况，只有在两种情况下，收养才能通过法院的裁判废止，并且只对未来发生效力：(1) 欠缺收养必须的意思表示或意思表示无效（第 1760 条至第 1762 条）；（2）由于重大原因，废止收养是为了被收养人子女最佳利益所必要的，并且子女不会因此而无家可归（第 1763 条）。[1]

第三节　收养关系的解除

第一千一百一十四条　收养人在被收养人成年以前，不得解除收养关系，但是收养人、送养人双方协议解除的除外。养子女八周岁以上的，应当征得本人同意。

收养人不履行抚养义务，有虐待、遗弃等侵害未成年养子女合法权益行为的，送养人有权要求解除养父母与养子女间的收养关系。送养人、收养人不能达成解除收养关系协议的，可以向人民法院提起诉讼。

【要义精解】

本条是关于被收养人成年以前解除收养关系的规定。

收养关系终止的原因有二：一是收养人或被收养人死亡，因主体资格消灭而自然终止；二是收养关系依法解除，人为地通过法律手段实现收养关系的终止。《民法典》未明确规定收养人或被收养人死亡而引起收养关系终止的情形，原因在于，法律关系一方主体死亡即导致法律关系的终止，这一法律关系的基本理论无须通过明文规定即可推导得到。由于因解除而终止收养的情形较为复杂，本法特专章予以规定。

本条规定了被收养人成年以前解除收养的条件。具体而言，本条包括以下三项内容。

一、原则上不得解除

本条第 1 款第 1 句前段规定，收养人在被收养人成年以前，不得解除收养关系。这主要是为了给未成年子女提供一个稳定的成长环境，有稳定的生活来源。收养关系成立后，养父母与养子女间成立拟制的父母子女关系。养父母对养子女负有抚养、教育和保护的义务，不得解除收养关系。被收养人为未成年人时，如果收养人随意单方解除收养关系，将给未成年

---

〔1〕［德］迪特尔·施瓦布：《德国家庭法》，王葆莳译，法律出版社 2010 年版，第 406 页。

人的成长带来负面影响。因此，为了使法律拟制的亲子关系能够像自然血亲关系那样稳定，尽管收养行为可能会使收养双方都大失所望，但收养关系一旦成立，收养人原则上不得解除收养。

二、协议解除

第 1 款第 1 句后段为不得解除收养设定了例外情形，即当收养人、送养人双方协议解除收养时，可以解除收养关系。这主要是考虑到，由收养人和送养人协议解除收养的情形，送养人与被收养人之间的权利义务关系自行恢复，送养人有义务抚养、教育和保护被收养人，因此被收养人就不会陷入缺乏生活来源的境地。

本条第 1 款规定收养协议可以由收养人、送养人双方协议解除。协议解除，是指在法律允许的条件下，由当事人双方协商一致，将已经有效成立的合同予以解除的法律行为。协议解除不同于本法第 562 条规定的约定解除以及第 563 条规定的法定解除。后者以解除权的存在为必要。解除权是法律赋予合同当事人可以将合同解除的权利，属于形成权。解除权人一方的意思表示即可发生合同解除的效力，无须对方当事人的同意。而协议解除不以解除权的存在为必要，主要是通过双方当事人的协议，使原有的合同归于消灭。协议解除需要双方共同作出意思表示，就解除达成合意，属于双方法律行为。[1] 协议解除实际上是以一个新的合同解除一个旧的合同，是一个解除合同。因此，协议解除与合同订立的规则无异。[2] 也因此，本条第 1 款有关协议解除收养的规定采取了与本法第 1104 条所规定的收养协议的订立条款相同的要件，即收养人与送养人双方自愿且须征得 8 周岁以上被收养人的同意。

三、诉讼解除

本条第 2 款规定了收养的诉讼解除规则，即收养人不履行收养义务，有虐待、遗弃等侵害未成年养子女合法权益行为的，送养人有权请求解除收养关系。送养人、收养人不能达成解除收养关系协议的，可以向人民法院提起诉讼。这一规定考虑到，被收养人成年之前，作为限制民事行为能力人，需要收养人的抚养、教育和保护。如果收养人不履行抚养义务，甚至虐待、遗弃未成年养子女，则违反了收养制度的立法目的。由于未成年

〔1〕 陈国柱：《论协议解除》，载《当代法学》1989 年第 2 期，第 17—18 页。
〔2〕 蔡立东：《论合同解除制度的重构》，载《法制与社会发展》2001 年第 5 期，第 41 页。

人自我保护和自我救助能力有限，而作为送养人的生父母或者监护人或者儿童福利机构，对未成年人被收养后的生活状态应有一定了解，因此赋予其要求解除收养关系的权利。

那么，如何理解送养人要求解除收养的权利？送养人作为收养关系一方当事人，收养人不履行收养协议约定的主要义务，严重侵害被收养人的合法权益，送养人有权请求解除协议，自不赘言。但如果从这个意义上理解送养人要求解除收养的权利，本款内容将与本条第1款内容形成重复规定，使本条的作用被架空。然而，也不应将其理解为送养人的法定解除权。一旦定性为法定解除权，送养人解除的通知送达收养人时，收养协议即行解除。这一法律效果不甚妥当，因其仅凭送养人一方的意志即对收养人的身份关系发生变化，既违背了意思自治原则也未免太过严苛。因此，对于送养人的这一权利，在解释上应当理解为，送养人的权利应构成收养人相应的义务，本条施加给收养人之于送养人解除收养的要求以强制承诺的义务。也即，收养人不履行收养义务，有虐待、遗弃等侵害未成年养子女合法权益行为的，如果送养人向收养人发出解除收养关系的要约，收养人应当作出承诺。于此情形，送养人、收养人不能达成解除收养关系协议的，可以向人民法院提起诉讼。如此，至少赋予送养人与收养人进行协商的空间，在保护未成年被收养人合法权益的同时，也较好地保护了双方的意思自治空间。但是应注意的是，在收养人有虐待、遗弃等侵害未成年养子女合法权益行为的情形中，收养人存在过错，无权以此为由要求解除收养关系。

【对照适用】

本条源于原《收养法》第26条，仅将应当征求其同意的被收养人的年龄范围由“十周岁以上”修改为“八周岁以上”，与总则编保持一致。

收养关系的解除不具有溯及力。收养关系的解除实际上是收养关系的终止，其以收养关系的有效为前提，并仅发生面向未来的效力，收养关系存续期间的效力不受影响。收养关系一旦解除，收养关系即行消灭，收养人不再负有抚养、教育和保护被收养人的义务。收养关系成立之后至收养关系解除之前，收养人因抚养、教育和保护被收养人所支出的费用的法律基础在于收养人与被收养人之间法律拟制的父母子女权利义务关系。收养人不得要求送养人返还此费用。根据《民法典》第1118条第2款的规定，生父母要求解除收养关系的，养父母可以要求生父母适当补偿收养期间支出的抚养费；但是，因养父母虐待、遗弃养子女而解除收养关系的除外。

第一千一百一十五条　养父母与成年养子女关系恶化、无法共同生活的，可以协议解除收养关系。不能达成协议的，可以向人民法院提起诉讼。

【要义精解】

本条规定了养父母与成年养子女解除收养协议的情形。

养子女成年之后，可以与养父母通过协议解除收养关系。在双方无法就解除收养关系达成合意时，任何一方均可向法院提起诉讼，请求解除收养关系，由法院就收养关系是否应当解除作出裁判。养子女成年后，收养解除规则的价值基础不同于养子女成年以前。收养制度的价值冲突主要表现为保护养子女合法权益与保护收养人合法权益之间的冲突。收养解除规则对这一冲突的权衡考量，以养子女是否成年作为重要标准。

养子女成年以前，收养解除规则更侧重于保护养子女的合法权益。收养制度的发展历经为家的收养、为亲的收养、为儿童利益的收养三个阶段。我国原《收养法》处于为儿童利益的收养阶段，即收养的目的主要是保护养子女的利益。[1] 由于养子女在未成年时需要稳定的成长环境，因此法律严格限制养子女成年以前的收养解除。《民法典》第1114条对此作了规定。

养子女成年以后，收养解除规则更侧重于保护收养人的合法权益。一方面，在养子女成年之后，养子女已经具备完全行为能力，严格限制收养解除的基础消失。在充分尊重当事人意思自治的基础上，法律赋予成年养子女与养父母协议解除收养关系的权利。另一方面，收养人将养子女抚养教育至成年，为此花费相当的时间精力和费用，如果允许成年养子女任意解除收养关系，将严重损害收养人的合法权益，不仅违反公平原则，更有悖于中华民族的孝道观念。因此，应当限制成年养子女解除收养的权利。

基于此，本条在权衡成年养子女的意思自治与收养人的合法权益的基

---

〔1〕巫昌祯主编：《婚姻家庭法新论：比较研究与展望》，中国政法大学出版社2002年版，第264页。

础上，将养子女成年后的解除收养限制于养父母与成年养子女关系恶化、无法共同生活的情形。在养子女与养父母的关系恶化、无法共同生活的情形中，已经不能期待养子女对养父母尽到赡养义务，即使禁止解除收养关系，也无法实现收养制度的立法目的。于此情形，本条允许养父母与养子女协议解除收养关系。在双方达成收养解除协议时，养父母和养子女均可向法院提起诉讼，由法院予以裁判。

【对照适用】

本条源自原《收养法》第27条，仅将“起诉”改为“提起诉讼”，表述更为准确。

第一千一百一十六条　当事人协议解除收养关系的，应当到民政部门办理解除收养关系登记。

【要义精解】

本条是关于协议解除收养登记的规定。

身份行为是要式法律行为，身份关系的成立或者解除，以登记为生效条件。收养关系的成立，根据《民法典》第1105条第1款的规定，应当向县级以上人民政府民政部门登记，收养关系自登记之日起成立。未经登记的收养行为，不发生法律效力。同理，收养关系的解除，也以登记为生效要件。因此，本条规定，当事人协议解除收养关系的，应当到民政部门办理解除收养关系登记。收养关系自办理解除收养关系登记之日起消灭。

协议解除收养关系的，须当事人亲自到民政部门办理登记。根据身份行为不得代理的规则，解除收养关系属于终止身份关系的身份法律行为，不得由他人代理。根据《中国公民收养子女登记办法》第9条的规定，收养关系当事人协议解除收养关系的，应当持居民户口簿、居民身份证、收养登记证和解除收养关系的书面协议，共同到被收养人常住户口所在地的收养登记机关办理解除收养关系登记。

【对照适用】

本条源自原《收养法》第28条，内容基本未作修改。

本条的适用以存在有效的收养关系为前提。如果收养关系未经登记而不成立，或者虽经登记但存在无效事由而无效的，不产生解除收养关系的问题。相关当事人对收养的效力发生争议的，应当通过提起确认之诉，请求确认收养关系的效力。

解除收养登记的程序在《中国公民收养子女登记办法》第9条和第10条得到规定。根据该法第9条的规定，收养关系当事人协议解除收养关系的，应当持居民户口簿、居民身份证、收养登记证和解除收养关系的书面协议，共同到被收养人常住户口所在地的收养登记机关办理解除收养关系登记。根据该法第10条的规定，收养登记机关审查认为申请材料符合法律规定的，为当事人办理解除收养关系的登记，收回收养登记证，发给解除收养关系证明。

第一千一百一十七条　收养关系解除后，养子女与养父母以及其他近亲属间的权利义务关系即行消除，与生父母以及其他近亲属间的权利义务关系自行恢复。但是，成年养子女与生父母以及其他近亲属间的权利义务关系是否恢复，可以协商确定。

【要义精解】

本条规定了收养关系解除的效力。

收养关系的解除，其效力主要体现于两个方面：一是养子女与养父母以及其他近亲属之间；二是养子女与生父母以及其他近亲属之间。在收养关系的解除上，养子女成年与否，其与养父母以及其他近亲属间的权利义务关系均得消除。特殊的地方在于，养子女成年与否，其与生父母以及其他近亲属间的权利义务关系效力则有所不同。具体而言，根据本条的规定，收养关系解除的效力如下。

第一，收养关系解除后，养子女与养父母以及其他近亲属间的权利义务关系即行消除。养子女与养父母之间的父母子女关系系法律拟制而成，收养关系一旦解除，这一拟制便丧失了法律基础。因此，养子女与养父母的父母子女关系因收养关系解除而消灭。养子女与养父母的近亲属之间的权利义务关系附属于养子女与养父母的拟制血亲关系，一旦后者消灭，前者当然随之消灭。比较法上普遍采取这一做法，如《德国民法典》第1764条第2款规定，因收养而成立的被收养子女及其晚辈直系血亲与原血亲的血统关系和因它而发生的权利义务，在收养关系被废止时消灭。

第二，收养关系解除后，养子女与生父母以及其他近亲属间的权利义务关系的变更须视养子女是否成年而定。

养子女未成年的，收养关系解除后，养子女与生父母以及其他近亲属间的权利义务关系自行恢复。养子女与其生父母之间具有自然血亲关系，该关系因收养成立而消除；一旦收养关系被解除，养子女与生父母之间的自然血亲关系即行恢复。这一制度安排的目的在于，为确保未成年养子女在收养关系解除后，可以有人继续承担抚养、教育和保护义务，而不使其陷入无人照管的境地。因此，本条规定，在收养关系解除后，与生父母以及其他近亲属间的权利义务关系自行恢复。这一规定使得在逻辑上不存在未成年人缺少监护人的可能，以更好地保护未成年人的合法权益。比较法上也多如此规定，如《德国民法典》第 1764 条第 3 款规定，被收养子女及其晚辈直系血亲与该子女的亲生血亲的血统关系和因它而发生的权利义务重新恢复，但父母照顾除外。我国台湾地区“民法”则仅从养子女与生父母以及其他近亲属间的权利义务关系这一视角规定收养解除的效力。该法第 1083 条第 1 句规定，养子女及收养效力所及之直系血亲卑亲属，自收养关系终止时起，恢复其本姓，并恢复其与本生父母及其亲属间之权利义务。

养子女成年的，收养关系解除后，成年养子女与生父母以及其他近亲属间的权利义务关系是否恢复，可以协商确定。养子女成年后，已经具备完全行为能力，法律上不需要对之作出特别保护，所以收养关系解除后，无须令其与生父母以及其他近亲属间的权利义务关系自行恢复。于此情形，法律充分尊重其意愿，对于是否恢复其与生父母以及其他近亲属间的权利义务关系，由养子女与其生父母协商决定。

【对照适用】

本条源自原《收养法》第 29 条，仅作了几处文字修改，内容几未改变。

在收养人或者被收养人一方死亡的情形下，养子女与养父母以及其他近亲属间的权利义务关系并不消灭。收养关系终止的原因有二：一是收养人或被收养人死亡，因主体资格消灭而自然终止；二是收养关系依法解除，人为地通过法律手段实现收养关系的终止。在前者，以收养关系为中介的其他亲属关系并不终止；因依法解除而终止的，以该收养关系为中介的其他亲属关系随之终止。

第一千一百一十八条　收养关系解除后，经养父母抚养的成年养子女，对缺乏劳动能力又缺乏生活来源的养父母，应当给付生活费。因养子女成年后虐待、遗弃养父母而解除收养关系的，养父母可以要求养子女补偿收养期间支出的抚养费。

生父母要求解除收养关系的，养父母可以要求生父母适当补偿收养期间支出的抚养费；但是，因养父母虐待、遗弃养子女而解除收养关系的除外。

【要义精解】

本条规定了收养关系解除后的财产效果。

收养关系的解除因养子女是否成年而存在不同的财产效果。本条第 1 款规定了收养关系在养子女成年之后解除的情形，第 2 款规定了收养关系在养子女成年之前解除的情形。具体而言。

第一，养子女成年之后解除收养关系的情形。收养关系的成立在养父母与养子女之间形成法律拟制的父母子女的权利义务关系。养父母应当履行抚养、教育和保护养子女的义务，相应地，养子女在成年后对养父母负有赡养义务。养父母与养子女之间的关系以养子女成年为界，前后形成双方权利义务的平衡状态。在收养关系中，养父母为先履行义务一方，养子女为后履行义务一方。如果养父母已经履行了抚养教育义务直至养子女成年，而收养关系解除后，成年养子女履行赡养义务的法律基础不复存在，这一权利义务关系将严重丧失平衡。因此，法律要求成年养子女在收养关系解除后，对养父母作出补偿。

由于收养关系的解除不具有溯及力，对于因抚养教育子女已经付出的花费，养父母不能要求养子女返还。基于公平原则，养子女应当对养父母作出适当补偿。本条第 1 款即对此作了规定。该款区分了两种情形下的补偿方式：（1）养父母的生活费用补偿权。因养父母与成年养子女关系恶化、无法共同生活而解除收养关系的，收养关系解除后，经养父母抚养的成年养子女，对缺乏劳动能力又缺乏生活来源的养父母，应当给付生活费。于此情形，养父母缺乏劳动能力又缺乏生活来源，虽然收养关系解除后，养子女对其不负赡养义务，但基于养子女成年之前养父母因抚养教育养子女为其支出相当的费用，养子女应当对其作出补偿，即给付养父母的生活费。(2）养父母的经济补偿权。如果养子女成年后虐待、遗弃养父母而解除关系的，养父母可以要求养子女补偿收养期间支出的抚养费。于此情形，因养子女严重侵害养父母的合法权益，无论养父母的生活状况如何，法律赋予养父母要求养子女补偿收养期间支出的抚养费的权利。

第二，养子女成年之前解除收养关系的情形。养子女成年之前，生父母与养父母协商一致解除收养关系的，因收养关系解除的效力仅面向未来，养父母不可以要求生父母返还收养期间支出的抚养费，但可以要求其适当补偿。但是，在养父母虐待、遗弃养子女而解除收养关系的情形下，法律对此作出否定性评价，排除其经济补偿权。

【对照适用】

本条源自原《收养法》第 30 条，仅将“生活费和教育费”修改为“抚养费”，表述更为准确。

在适用本条时，应注意第 1 款所规定的经济补偿权与第 2 款所规定的适当经济补偿权有所不同。第一，经济补偿权具有惩罚性质，适当经济补偿权则没有。第 1 款规定的经济补偿权具有惩罚性质，仅在养子女成年后虐待、遗弃养父母而解除收养关系的情形下，始能产生。第 2 款所规定的适当经济补偿权，在养子女成年之前生父母要求解除收养关系的情形产生。第二，权利义务主体不同。经济补偿权的义务主体是成年养子女，而适当经济补偿权的义务主体是养子女的生父母。第三，补偿程度不同。经济补偿权的客体是养父母在收养期间所支出的全部抚养费，而适当经济补偿权并无此效力，具体补偿多少，须双方协商确定；无法确定的，可以由法院结合个案情况而定。

第二部分

案例评析与指引

第一章　一般规定（略）

第二章　结　　婚

案例1：徐某、雷某重婚无效导致离婚协议无效案
［（2020）冀民申4950号］

【法条指引】

《民法典》第1051条、第1062条、1087条，关于重婚为无效婚姻的规定。

【案例事实与裁判】

徐某（男）与李某（女）之间存在合法婚姻关系，后徐某与雷某（女）又登记结婚。在徐某与雷某共同生活期间，购买了一套住房，并进行了装修。后徐某与雷某协议离婚，并约定该住房所有权归雷某所有。后李某向法院提起诉讼，请求人民法院确认徐某与雷某的离婚协议无效，并判决房屋所有权归李某与徐某共有。一审、二审法院支持了原告的诉讼请求，判决离婚协议无效，房屋所有权归李某与徐某共有，雷某不服一审、二审法院判决，申请再审，再审法院作出如下判决。

本院经审查认为，在被申请人徐某、李某合法婚姻关系存在的情况下，徐某与再审申请人雷某又登记结婚属于重婚，违背社会主义道德和公序良俗，其重婚行为不能得到法律的保护，其二人登记离婚亦不合法，不能产生合法婚姻的法律后果，其二人签订的所谓离婚协议及变更离婚协议书均没有合法依据。根据现已查明的事实，涉案房屋主体部分系李某与徐某在婚姻关系存续期间共同出资自杨树生处购买，雷某未举证证明其对购房主体部分有出资，仅主张对涉案房屋的装修、补缴物业费、暖气费、办理过户

更名有过出资，故认定涉案房屋属李某、徐某夫妻二人共同出资购买取得，其财产利益应归二人所有。原审法院综合查明事实，结合全案证据，依据民事诉讼证据规则，依法裁判，并无不当。综上，再审申请人的再审申请不符合《民事诉讼法》第200条规定的情形，裁定驳回雷某的再审申请。

【案例评析】

本案中所涉及的法律问题是婚姻因重婚而无效的法律效果。重婚被确认为无效的，因此离婚协议也是无效的。婚姻被确认无效后，双方的财产原则上按照共有财产来处理，但是因重婚而无效的财产分配不得损害合法婚姻之一方配偶的合法权益。本案中，徐某与雷某结婚构成重婚，是无效的，双方的离婚协议及财产分割协议也是无效的。徐某与李某系合法婚姻，在此期间任何一方所取得的财产都是夫妻共同财产，故徐某所购买之住房应当为其与李某的共同财产，而雷某不能证明自己为购买该房屋出资，故其不得主张享有该房屋的共有权。

案例2：肖某与许某未达法定婚龄无效婚姻效力补正案
[（2020）黔06民终2174号]

【法条指引】

《民法典》第1051条、第1062条、《婚姻家庭编解释（一）》第10条，关于未达法定婚姻效力的规定。

【案例事实与裁判】

肖某与许某因未到法定婚龄，通过虚报年龄于2003年2月4日取得结婚证，共同生活期间于2003年9月25日生育小孩许甲，2006年9月1日生育小孩许乙，2009年3月6日生育小孩许丙。肖某与许某于2020年1月21日重新到婚姻登记机关补办结婚证，该结婚证载明登记日期为2006年6月15日（在该日期前，婚姻双方没有事实登记行为，该日期是登记机关补发证时将双方达到结婚年龄的日期载明为登记日期）。

刘某与许某自2016年3月前后起至2019年端午节前存在不正当男女关系。自2016年4月15日开始到2019年7月15日期间，刘某（微信名为“九美子”）共通过微信收到许某钱款148790.17元，共向许某支付钱款 96864. 24 元（以总支付 180850. 24 元扣除转账减去退款部分 83986 元计算）。以上扣除刘某支付给许某后，刘某还收到许某钱款合计 117925. 93 元（以 148790. 17 减去 96864. 24 再加上 66000 计算）。

一审法院对于肖某的其他请求金额，因肖某没有提供充分的证据加以证明，不予以认定；对刘某辩称交现金给许某 85000 元的主张，因刘某没有提供相应的证据加以证明，也不予认定。

一审法院认为，肖某与许某虽然系虚报年龄取得结婚证，但是双方在共同生活期间已经达到法定婚龄，且 2020 年 1 月 21 日婚姻登记机关补办结婚证时，结婚证载明的登记日期为 2006 年 6 月 15 日。婚姻登记机关已经认可自双方符合法定婚龄时即 2006 年 6 月 15 日，双方之间的婚姻关系便是合法的婚姻关系。《婚姻法》第 17 条规定“夫妻在婚姻关系存续期间所得的下列财产，归夫妻共同所有：（一）工资、奖金；（二）生产、经营的收益；（三）知识产权的收益；（四）继承或赠与所得的财产，但本法第十八条第三项规定的除外；（五）其他应当归共同所有的财产。夫妻对共同所有的财产，有平等的处理权”，根据该规定，许某在务工期间取得的收入，应当属于肖某与许某之间的夫妻共同财产，对该共同财产，肖某与许某有平等的处理权，肖某与许某对夫妻关系存续期间取得的财产未约定分别所有，故该平等处理权具有不可分性。因此，许某在与刘某来往期间未经肖某同意，向刘某支付钱款的行为，侵害了肖某对夫妻共有财产的处理权。刘某据此而取得的财产不具有合法性，属于不当得利。肖某作为受损失的人，有权要求刘某返还该不当得利。为此，一审法院依照《婚姻法》第 17 条，《民法总则》第 122 条，《最高人民法院关于适用〈中华人民共和国民事诉讼法〉的解释》第 90 条的规定，判决：由刘某于判决生效之日起 15 日内返还肖某、许某 117925. 93 元。案件受理费 2923 元，由肖某、许某负担 1923 元，由刘某负担 1000 元。刘某不服一审判决，提起了上诉。

二审查明的事实与一审认定的事实一致，二审法院将案件争议焦点总结为三个：（1）一审法院认定肖某与许某在 2006 年 6 月 15 日以后属于合法婚姻关系，是否正确；（2）许某转给刘某的钱款是否属于肖某与许某的夫妻共同财产；（3）刘某是否只应返还许某转给刘某钱款总额的一半。

关于焦点一，二审法院认为，肖某与许某婚姻无效的情形于 2006 年 6 月 15 日即已消失，二人于 2020 年 1 月 21 日在婚姻登记机关补办结婚证后，其婚姻效力及于 2006 年 6 月 15 日。一审法院认定肖某与许某在 2006 年 6

月15日以后属于合法婚姻关系，是正确的。关于焦点二，二审法院认为，许某转给刘某的钱款是许某与肖某婚姻关系存续期间由许某务工取得的经济收入，按照法律规定，应当属于肖某与许某的夫妻共同财产。且刘某并没有提供相反证据证明。关于焦点三，二审法院认为，夫妻对共同所有的财产，有平等的处理权。本案中，肖某与许某对夫妻共同所有的财产未作特别约定，应属共同共有，其处理权具有不可分性。刘某所提其只应返还从许某处获得钱款总额的一半的意见，没有法律依据，本院不予支持。

基于上述理由，二审法院认为刘某的上诉请求及理由均不能成立，判决予以驳回。

【案例评析】

本案所涉及的是因未达法定婚龄结婚的效力问题。依据《民法典》的规定重婚的、未达法定婚龄的、直系血亲或者三代以内旁系血亲结婚的均属于无效婚姻。但是依据《婚姻家庭编解释（一）》的规定，无效婚姻当事人或者利害关系人向人民法院申请确认无效时，该无效事由已经消除的，人民法院不予支持，这一规定尤其适用于未达法定结婚年龄而结婚的。从双方当事人实际取得结婚能力之日起，双方当事人的婚姻即转变为有效的婚姻，受原《婚姻法》的保护。本案中人民法院的判决，即支持了当事人达到法定婚龄之后婚姻即转变为有效的观点，同时基于该有效的婚姻作出了有关夫妻财产的判决。

案例3：王某胁迫杨某复婚案
[（2020）京02民终8623号]

【法条指引】

《民法典》第1052条、第1083条、1085条，关于可撤销婚姻的规定。

【案例事实与裁判】

杨某、王某于2003年5月23日登记结婚，婚后育有两个女儿王某一、王某二。2019年7月23日，双方至北京市东城区民政局婚姻登记处办理了离婚手续，并签订离婚协议书，约定：（1）双方自愿离婚；（2）二名女儿由杨某抚养，王某每月支付5000元抚养费至二女年满20周岁，并可随时探望；（3）坐落在大兴区亦庄新城 11-1 街区 B01R1-2 地块二类居住用地项目（配建限价商品住房）某住宅楼401（合同地址，房本下来以房本地址为准）房屋离婚后归杨某所有，该房屋贷款离婚后由王某偿还；（4）双方无其他共同财产。2019 年 8 月 23 日，双方至北京市东城区民政局婚姻登记处办理了复婚手续。

杨某向人民法院提起诉讼，请求撤销与王某的复婚行为。杨某称，自己于2019 年8 月23 日与王某复婚系受王某胁迫，2019 年8 月21 日晚王某殴打过自己与朋友耿某，且至亦庄派出所做过笔录，并提交照片、诊断证明、光盘、聊天记录截屏等证据，其中，照片显示其有受伤情况、床头被划破、床单被烧毁；亦庄镇社区卫生服务中心于 2019 年 8 月 24 日开具的诊断证明显示，诊断为左侧肩软组织损伤、左胸部皮肤裂伤；北京同仁医院于 2019 年 8 月 24 日开具的诊断证明显示诊断意见为左肩部软组织损伤；光盘显示 2019 年 8 月 23 日早晨王某携带木棍进出电梯。王某对上述证据的证明目的均不认可，称照片显示的杨某伤情与诊断证明均非自己打伤，床头、床单受损亦与 2019 年 8 月 23 日登记结婚无关，携带木棍是因杨某一直与案外人耿某有染，因担心对方在杨某处故自己携带了装饰用的桃木棍防身，只认可与案外人张某的聊天记录，但自己的目的仍是挽救婚姻。

王某提交从杨某手机导出的照片与视频、协议书、杨某写给自己和女儿的信等证据，称杨某一直与他人有染，2019 年 8 月 21 日晚曾与杨某及耿某发生冲突；协议书内容为双方共同拥有的房产（双方均认可该房产即离婚协议中所约定之房产）归王某、王某一、王某二所有，杨某自动放弃所有产权，原离婚协议书同时作废，二个女儿之抚养权归王某，杨某、王某在此协议书上签名并捺手印。杨某认可上述证据的真实性，称耿某仅系自己的普通朋友，且王某出轨在先，故不认可上述证据的证明目的。

一审法院认为，因胁迫结婚的，受胁迫的一方可以向婚姻登记机关或人民法院请求撤销该婚姻。当事人对自己提出的主张，有责任提供证据。本案中，杨某主张自己与王某 2019 年 8 月 23 日的婚姻登记系受到王某胁迫，并提交了相关证据，但结合王某之抗辩与所提交之证据，应当指出，杨某之证据并未充分有力证明该婚姻系王某以给杨某或者其近亲属的生命、身体健康、名誉、财产等方面造成损害为要挟，故综合全案事实与证据，法院对杨某之诉讼请求不予支持。

杨某不服一审法院判决，提起了上诉。二审法院认为，当事人对自己提出的诉讼请求所依据的事实或者反驳对方诉讼请求所依据的事实有责任提供证据加以证明。没有证据或者证据不足以证明当事人的事实主张的，由负有举证责任的当事人承担不利后果。当事人对欺诈、胁迫、恶意串通事实的证明，人民法院确信该待证事实存在的可能性能够排除合理怀疑的，应当认定该事实存在。本案中，杨某主张被王某逼迫复婚，要求撤销婚姻关系，但综合本案审理情况，杨某提交的证据未能达到法定证明标准。一审法院驳回杨某的诉讼请求，并无不当。杨某上诉坚持对本案的异议，因事实依据不足，二审法院维持了一审法院的判决，驳回了杨某的上诉请求。

【案例评析】

基于胁迫所缔结的婚姻为可撤销婚，被胁迫人有权自胁迫行为终止之日起的 1 年内向人民法院申请撤销该婚姻。胁迫缔结的婚姻当然也包括复婚在内，复婚在法律上也属于结婚的范畴，与第一次结婚在法律上的评价没有区别。唯当事人主张撤销权，须证明胁迫的构成要件，本案中原告没有足够证据证明胁迫的构成，故人民法院不予支持其撤销权。

第三章 家庭关系

案例4：王某、黄某夫妻财产约定无效案

[（2020）粤01民终11382号]

【法条指引】

《民法典》第1065条第1款，关于夫妻约定财产制的规定；《民法典》第146条第1款，关于虚假表示行为效力的规定。

【案例事实与裁判】

王某、黄某经登记结婚，婚后生育一女黄某。广州市海珠区某处3006房产权登记于2008年11月26日，登记在王某、黄某名下，由二人共有。2017年10月18日，王某、黄某共同在海珠区不动产管理部门签订《夫妻财产约定书》，内容为：3006房是以黄某、王某名义登记的房产，上述房产依法属于我们夫妻的共同共有财产，现我们经充分协商约定如下：上述房产归黄某所有；上述为双方真实意思表达，如有虚假及产生纠纷双方愿各自承担相关法律责任。落款有王某、黄某签名。随后双方亲自在不动产管理部门办理了3006房产权过户手续，将该房屋过户至黄某一人名下。

广州市番禺区某处302房产权原登记在王某一人名下。2017年12月6日，王某、黄某共同在番禺区不动产管理部门签订《协议书》，内容是：302房原权属人王某，现男女双方约定将上述房屋产权人转为黄某，同意申请办理该房屋的转移登记手续，由此引起的一切法律责任自负。落款有王某、黄某签名。随后双方亲自在不动产管理部门办理了302房产权过户手续，将该房屋过户至黄某一人名下。

王某、黄某均确认上述两房屋在变更产权登记之前均属于二人婚姻存续期间的共同财产，由于当时打算在番禺区再购买一套房屋，又听说王某名下必须无房产才可再行购买，故将上述3006房及302房均更名至黄某一

人名下。王某主张两房屋虽然已登记在黄某名下但至今仍是其与黄某的共同财产；黄某主张房屋产权变更登记后就属于其婚姻存续期间的个人财产，不再是共同财产。

王某向一审法院起诉请求确认王某与黄某签订的《夫妻财产约定书》《协议书》无效。一审法院认为，本案所涉《夫妻财产约定书》《协议书》由王某、黄某在不动产管理部门共同签订，双方在落款处签名确认。王某、黄某作为具有完全民事行为能力的成年人，理应知晓签名这一行为的意义及基本的法律后果，判决驳回王某的诉讼请求。王某不服，提起上诉。

二审法院认为，意思表示真实是民事法律行为生效的必备要件，在本案中虽然双方以协议约定对涉案房产进行了产权变更登记，如前所述，双方的本意并非是将涉案房产所有权转归黄某一人所有，也无证据显示王某将涉案房产赠与黄某，而只是为了购买房产的需要，故双方以虚假的意思表示实施的民事法律行为无效，即王某、黄某二人签订的《夫妻财产约定书》《协议书》无效，撤销了一审判决。

【案例评析】

我国民法承认和保护夫妻财产约定的效力，不论是结婚时还是结婚后，夫妻可以通过书面形式，约定婚姻关系存续期间所得的财产以及婚前财产归各自所有、共同所有或部分各自所有、部分共同所有。该约定对夫妻双方具有法律拘束力，夫妻一方不得擅自修改、不得违反。但是，夫妻财产约定作为一项民事法律行为，必须符合民事法律行为的有效条件，意思表示必须真实，不得违反法律、行政法规的强制性规定和公序良俗。本案中的两项夫妻财产约定旨在规避地方购房政策，属于虚伪的意思表示，应认定为无效。

案例 5：李某诉石晓某抚养纠纷案
——非亲子关系的抚养费返还和精神损害赔偿
［（2017）京 0111 民初 10637 号］

【法条指引】

《民法典》第 1073 条第 1 款，关于亲子关系异议之诉的规定。

【案例事实与裁判】

李某与石晓某经人介绍于1998年10月相识相恋，当年年底订婚并开始同居，1999年11月登记结婚，2000年6月22日生育一女李雨某。2009年6月，双方在民政局协议离婚，约定李雨某由其父李某自行抚养。后李雨某一直由李某独自抚养至2014年10月。2014年11月初，石晓某将李雨某接走，与其共同居住至2016年12月底。在此期间，李某每月给付李雨某一定金额的抚养费。自2017年开始，石晓某自行抚养其女李雨某。

2017年2月10日，李某委托司法鉴定所对其与李雨某进行DNA亲子鉴定，结论为排除李某是李雨某的生物学父亲。石晓某认可该份鉴定意见书的真实性和证明目的。

一审法院经审理认为，夫妻应当互相忠实，互相尊重。根据已查明的事实，在原、被告婚姻关系存续期间，石晓某与他人生育一女，其行为严重破坏了夫妻间的感情、侵害了李某的合法权益、造成了李某较大的精神痛苦。对此，石晓某应承担相应的民事责任。关于李某要求石晓某返还其为李雨某支付的抚养费请求，因其并非李雨某的生物学父亲，李某为李雨某支付的抚养费应由其母亲石晓某给付。关于给付数额，法院根据子女的实际需要、父母双方的负担能力及当地的实际消费支出水平，综合考虑各方面因素确定为20万元。

关于精神损害抚慰金的主张，考虑到石晓某的行为存在过错，严重影响夫妻关系，给李某造成较大精神创伤，故对于此项主张予以支持，具体数额酌情确定为5万元。

【案例评析】

本案是一起欺诈性抚养引起的纠纷。男方误以为抚养的子女为亲生子女，经医学鉴定后，得知其为非亲生女儿后，诉请前妻返还抚养费，并主张精神损害赔偿金。此类案件中，亲子关系被否认后，原法律意义上的父亲对该子女自始不具有法律上的抚养义务，其与该子女在否认前的抚养关系，属欺诈性抚养关系。对于欺诈性抚养，各国立法均确认受欺诈人对于婚姻关系存续期间支出的抚养费有返还的请求权。尽管《民法典》第1073条仅规定亲子关系确认和否认之诉，并没有明确其法律后果，但因原抚养人并无抚养义务，其已经支付的抚养费用对子女的生父母而言构成不当得利，可以行使不当得利返还请求权，请求返还已经支出的抚养费用，当无疑问。

另外，本案中石晓某在婚内与他人生育子女，存在严重过错，侵犯李某人格尊严和基于夫妻之间相互忠实而应享有的合法利益，导致李某极大的精神痛苦，根据侵权责任编有关规定，李某也可以请求精神损害赔偿。

案例6：赵某兰与曾某荣等民间借贷纠纷上诉案——夫妻共同债务的认定［（2010）浙温商终字第460号］

【法条指引】

《民法典》第1064条，关于夫妻共同债务的规定。

【案例事实与裁判】

曾某荣与陈某春是夫妻关系，两人于1996年1月8日结婚。2009年8月26日，曾某荣向赵某兰借款50万元，并由曾某荣出具一张借条交赵某兰收执，借条上未约定还款期限和借款利息。

一审中，原告赵某兰诉称，两被告曾某荣、陈某春系夫妻关系。2009年8月26日，被告曾某荣找到原告以资金需要临时周转为由向原告借款50万元。因曾某荣承诺马上归还借款，所以当时双方仅口头约定，利息以月息1%计算，当天被告曾某荣出具借条一份交原告收执。借款到期后，原告去银行找被告曾某荣催讨，不料被告已经辞职，经原告多次催讨无果。基于以上事实，原告诉至法院，请求判令两被告即行偿还借款本金50万元及利息。

被告陈某春辩称对本案借款毫不知情，其与原告本人也不相识，且借款也没有用于家庭生活，曾某荣三年来的收入也未用于家庭生活，故本案借款即使真实也与被告陈某春无关，系曾某荣的个人债务，请求法院驳回原告的诉讼请求。

原审法院认为，原告赵某兰与被告曾某荣之间存在借款合同关系，双方意思表示真实，内容合法，不具有法律规定的无效情形，为有效合同，应受法律保护。至于被告陈某春应否对曾某荣的借款承担共同偿还责任。本院认为，以夫妻一方名义发生的借款，是否应认定为夫妻共同债务，首先应看夫妻双方有无借款的合意或双方共享借款利益。本案中，原告未能举证证明两被告有借款合意或共享利益，也未能证明曾某荣的借款符合表见代理的情形，故本案借款首先难以被认定为夫妻共同债务。本案借款不能视为夫妻共同债务，被告陈某春不应承担共同偿还责任。

赵某兰不服一审法院判决，提起上诉。二审法院判决驳回上诉，维持原判。

【案例评析】

本案涉及夫妻共同债务的认定问题。在婚姻关系存续期间，夫妻一方以个人名义所负债务，能否认定为共同债务？根据《民法典》第 1064 条规定，夫妻共同债务以“共债共签”为基本原则，同时与第 1060 条日常家事代理权规定相呼应，明确夫妻一方为家庭日常生活需要所负债务为夫妻共同债务。对于婚姻关系存续期间夫妻一方以个人名义所负其他债务，除非债权人能够证明已经用于夫妻共同生活、共同生产经营或者基于双方共同的意思表示，否则不属于夫妻共同债务。该规定体现了平等保护债权人利益和夫妻双方利益，兼顾交易安全与婚姻家庭伦理的立法理念。本案中曾某荣以个人名义向赵某兰借款 50 万元，超出日常家事代理权的范围，且赵某兰也无法证明该笔借款用于曾某荣与陈某春的夫妻共同生活或共同生产经营活动，属于曾某荣一方的个人债务，应向曾某荣个人主张偿还。

第四章　离　　婚

案例7：栾某与李某离婚后财产纠纷案
[（2019）辽0106民初435号]

【法条指引】

《民法典》第1076条、第1077条、第1078条，关于协议离婚的规定。

【案例事实与裁判】

原告与被告2010年1月25日登记结婚，2017年7月6日离婚，双方在沈阳市铁西区民政局婚姻登记处形成《离婚协议书》一份，双方关于子女抚养等问题进行了约定，同时双方关于位于沈阳市铁西区房产分割进行了约定，约定“私有房产沈阳市铁西区某房产归女方（栾某）所有，男方（李某）放弃产权”。根据房屋电子登记查询证明记载，上述房屋登记的所有权人情况为李某单独所有，登记日期为2013年7月25日。审理中，被告抗辩双方离婚不是真实意思表示，双方为“假离婚”，目的为给子女购买学区房。原告对被告抗辩不予认可，表示因被告提出离婚，原告同意。

另查明，上述离婚协议形成后，被告李某于2018年7月2日向法院起诉申请撤销2017年7月6日签订的《离婚协议书》中“私有房产沈阳市铁西区某房产归女方所有”的约定，后李某于2018年10月29日撤诉，直至本案原告要求被告协助办理房屋更名过户手续。

本院认为，该《离婚协议书》系在民政局婚姻登记部门见证下完成并登记，被告陈述的以购房为目的“假离婚”不应对抗婚姻登记部门离婚登记的效力，对被告主张的双方系基于“假离婚”而形成离婚协议，本院无法予以支持。

【案例评析】

大多数法院都是不认可当事人所提的“假离婚”的诉讼请求的，即认为只要是经过婚姻登记部门见证完成登记的离婚就具有解除婚姻关系的效力。而婚姻登记部门不会比法院更细致地调查离婚当事人真正的婚姻状况，自然也无从辨别当事人是否是真实离婚的意愿。我们国家的婚姻登记部门关于当事人离婚的意思表示还主要是停留在形式审查之上，而法院也会直接认可婚姻登记机关作出的登记，“假离婚”在他们眼里也是真离婚。

案例8：连某1与柯某离婚纠纷案
[（2020）鄂0281民初2291号]

【法条指引】

《民法典》第1079条，关于诉讼离婚的规定。

【案例事实与裁判】

原、被告于2014年在上海打工相识，后建立恋爱关系，并于某年某月某日登记结婚，婚后育有一子。婚后原、被告在共同生活中缺乏情感交流，原告认为被告婚内出轨导致感情淡薄，故起诉要求与被告离婚。被告柯某不同意离婚。

法院认为原、被告自由恋爱结婚，并共同养育一子，婚姻基础较好。婚后双方虽相处不睦，只要双方用积极的态度交流和沟通，珍惜夫妻感情，多从孩子的健康成长方面着想，夫妻感情还是有和好可能的。且原告举出证据不足以证实夫妻感情确已破裂，故原告要求与被告离婚的诉讼请求，本院不予支持。

【案例评析】

该案中原告主张被告出轨，但由于证据不足，法院认定原告举证不足以证实夫妻感情确已破裂，即认为原告主张的证据不能证明被告有“重婚或者与他人同居”的情形。同时法院从他们感情基础较好、孩子健康成长等角度认为二人不应离婚，不支持原告要求离婚的诉讼请求。实践中很多案件如此，主张配偶出轨或者与他人同居的一方常因举证困难而得不到支持。由于个人信息保护等因素，配偶一方要获得合法的证据事实上是非常困难的。

案例9：郑某某与肖某抚养纠纷上诉案
[(2014) 穗越法民一初字第2307号]

【法条指引】

《民法典》第1084条、第1085条，关于离婚后子女归属及抚养的规定。

【案例事实与裁判】

郑某某与肖某于1999年10月结婚，后于2008年2月离婚。2009年2月6日双方又在民政局登记复婚。2010年9月30日生育双胞胎子女（儿子郑某羲、女儿郑某睿）。郑某某在广东省河源市某公司工作并担任该公司董事长，肖某为广州市某机关公务员。

郑某某向广东省广州市越秀区人民法院起诉称，双方夫妻感情已完全破裂，请求判决：（1）双方离婚；（2）婚生儿子郑某羲由其抚养，婚生女儿郑某睿由肖某抚养。肖某辩称，同意离婚，但为了儿女的权益，请求双胞胎子女均由其抚养。郑某羲和郑某睿从小一起长大，心理、生理上比其他孩子更有依赖性，不应被视为财产强行分开抚养。双胞胎子女还不满4岁，更需要母爱关怀。肖某完全有能力抚养双胞胎子女。河源市的教育条件和生活环境不如广州市，如儿子郑某羲由郑某某抚养，对其成长明显不利。

在广州市越秀区人民法院审理过程中，郑某某与肖某对于夫妻共同财产分割达成一致意见（由法院另行出具民事调解书）；对于子女抚养费问题，双方均表示如果两个孩子由其抚养，不需要对方支付抚养费；如果两个孩子由双方各自抚养一个，各自承担抚养费；在子女探视方面，双方均表示如果由其享有子女抚养权，对方可以随时探望子女。

双方均认可夫妻感情确已破裂并同意离婚，因此，准予双方离婚。关于子女抚养问题，抚养权的确定应以有利于子女的健康成长为依据。综合郑某某和肖某的情况，认定双胞胎子女均由肖某抚养更有利于他们健康成长。首先，从肖某提供的相关证据可以认定其作为母亲在生育双胞胎子女过程中曾付出了精神和肉体上的巨大牺牲，对此郑某某也予以认可。与郑某某相比，肖某对双胞胎子女的付出更多。肖某在经历了三次试管技术生育双胞胎子女后，已进入高龄阶段，以后几乎失去生育能力或者生育风险极高。依照1993年《最高人民法院关于人民法院审理离婚案件处理子女抚养问题的若干具体意见》（现已失效，以下简称1993年《离婚案件处理子女抚养问题的意见》）第3条第1项“对2周岁以上未成年的子女，父方和母方均要求随其生活，一方有下列情形之一的，可予优先考虑：（1）已做绝育手术或因其他原因丧失生育能力的”的规定，肖某的诉讼请求有法律依据。其次，从双方的工作和生活情况看，郑某某在河源市某公司工作，而肖某系广州市某机关公务员。从双方工作地点考虑，河源市与广州市越秀区的教育、医疗、学习等硬件环境相比还存在一定差距。肖某工作收入稳定，且在广州有固定住处，已经为双胞胎子女提供了较好的幼儿园教育，以后也能为他们提供较好的教育。母亲作为女性抚养孩子具有天然的优越性，故双胞胎子女由肖某抚养更有利于他们的生活、学习和健康成长。再次，根据肖某提供的双胞胎子女学习、生活的照片与视频，双胞胎子女在一起生活确实幸福。结合专家证人袁某某的证言及郑某某的质证意见，认定双胞胎子女由同一监护人抚养，比分开抚养更有利于他们健康成长。最后，从双方陈述可以看出，双胞胎子女在广州共同生活时间较长。肖某在广州工作生活，而郑某某在广州、河源两地生活。依照1993年《离婚案件处理子女抚养问题的意见》第3条第2项“子女随其生活时间较长，改变生活环境对子女健康成长明显不利的”的规定，以及原《婚姻法》中照顾女方及子女合法权益原则出发，认定双胞胎子女由肖某抚养更有利于他们健康成长。

【案例评析】

以往夫妻双方离婚时若有两个子女，法院一般会判决夫妻二人分别直接抚养一个孩子。但该案情况不同，由于该案是一对双胞胎，考虑到孩子之间相互依赖、孩子母亲的抚养能力和生活条件更加稳定以及很难再生育的角度，法院将两个孩子均判决由母亲直接抚养。法官如此判决也是基于该条“最有利于未成年子女的原则”。同时，虽然一方未能直接抚养子女，但是子女与其父亲的亲子关系未变，郑某某仍然要履行抚养义务并享有相应的权利。正是基于这一点，即使法院判决仅由一方直接抚养也是符合情理的。

案例10：李某军与李某抚养费纠纷上诉案
[（2014）沈中少民终字第00144号]

【法条指引】

《民法典》第1085条，关于离婚后子女抚养费用负担的规定。

【案例事实与裁判】

吕某丽与李某军原系夫妻关系，李某系双方婚生女。吕某丽与李某军于2013年10月28日在辽宁省沈阳市东陵区人民法院调解离婚，约定婚生女李某随母亲吕某丽共同生活，由吕某丽自行抚养。同时，还约定夫妻共同财产中的绝大部分归吕某丽所有。后吕某丽以无力独自承担李某抚养费用为由，向李某军主张增加抚养费，双方协商未果。李某于2014年10月诉至法院。一审法院判决：被告李某军自2014年10月起至原告李某18周岁时止，每月给付原告李某抚养费530元，每月10日前给付。

宣判后，李某军不服一审判决，提起上诉称：上诉人与吕某丽离婚时，大部分财产归女方所有，离婚调解书也约定了由吕某丽自行抚养，原审判决上诉人支付抚养费不当。

关于子女生活费和教育费的协议或判决，不妨碍子女在必要时向父母任何一方提出超过协议或判决原定数额的合理要求。判断未抚养子女一方是否应支付抚养费，应着重审查何为“必要时”。1993年《离婚案件处理子女抚养问题的意见》第18条规定了三种情形，分别为：（1）原定抚育费数额不足以维持当地实际生活水平的；（2）因子女患病、上学，实际需要已超过原定数额的；（3）有其他正当理由应当增加的。本案李某军与吕某丽于2013年10月28日经原审法院调解离婚，双方约定婚生女李某由吕某丽自行抚养，并就夫妻共同财产分割作出明显有利于吕某丽的约定。双方离婚不满1年，被上诉人即起诉要求支付抚养费，但在原审及本院审理期间，未向法庭提供任何证据证实其主张符合上述1993年《离婚案件处理子女抚养问题的意见》第18条规定的情形，被上诉人应承担举证不能的法律后果。此外，吕某丽作为完全民事行为能力人，对民事行为的后果有足够的认知能力，对自行抚养被上诉人可能带来的经济负担，应有足够的预见和判断，其在离婚调解协议中自愿与李某军约定自行抚养被上诉人，是其真实的意思表示，足以表明其愿意承担独自抚养被上诉人所带来的经济负担。上诉人李某军基于对法律及人民法院依法确认的民事调解书的权威性的信赖，与吕某丽经调解离婚，在没有正当事由的情形下，各方当事人均应当遵从民事调解书对双方权利义务的约定，若轻易变更，将有损法律的权威性和公信力，也违背我国法律所规定的诚实信用原则。基于以上理由，被上诉人要求上诉人李某军给付抚养费的主张，不应得到支持。

【案例评析】

关于离婚后子女抚养费的纠纷，诉诸法院的案件并不罕见。在抚养费确定判决之后，仍然会有申请变更抚养费的新请求。随着物质生活的发展及通货膨胀等因素，变更抚养费的要求也具有现实需求。但是法院在审理这一类变更之前，调解书、判决书中既定抚养费的案件时，确实需要基于该法条考虑“必要时”“合理要求”这些问题，即变更是否必要、合理。法院要在保障未成年人健康发展的前提下，从承担抚养费一方是否有负担能力，以及法院裁判文书既判力的多个角度考虑是否需要变更、变更数额等问题。

案例11：黄某诉刘某探望权纠纷案〔1〕

【法条指引】

《民法典》第1086条，关于离婚后未与子女共同生活一方的探望权的规定。

【案例事实与裁判】

原告黄某与被告刘某原系夫妻，儿子黄小某出生6个月即送至扬州外祖父母处。后双方因感情不和离婚，黄小某继续由外祖父母抚养并在扬州读幼儿园。作为父亲的黄某，自从离婚后就再也没有见到儿子黄小某。2011年12月，他向法院提起了诉讼，以上海的经济、生活条件、就学条

〔1〕案例来源：中国法院网，https：//www. chinacourt. org/article/detail/2014/11/id/1491376. shtml，2021年12月21日访问。

件等更有利于孩子成长为由，坚持要在上海以每周一次的频率探望黄小某。法庭上，刘某拒绝了黄某的要求。原来，因为黄小某的探视问题，夫妻双方早就产生矛盾。为看望孩子，黄某还曾带着几个家人去扬州刘某老家，与刘某父母发生了肢体冲突。刘某认为，黄某探望孩子是假，抢孩子是真，黄小某6个月大起就一直由外祖父母抚养，早已适应了扬州的生活；自己因为工作繁忙只是暂时不能将黄小某带在身边，等到黄小某要上小学时，肯定会把儿子接回上海读书。案件审理过程中，双方分歧较大，离婚时双方的对立情绪重新出现。

法院认为黄某作为父亲享有探望儿子的权利，但具体的探望方式应最大限度地保障黄小某的合法权益，不应伤害孩子的身心健康。黄小某现仅4周岁，频繁往返上海与扬州打破了他原本稳定与平静的生活，黄某要求每周一次在上海探望孩子的诉求并不现实。以保障未成年人的合法权益为首要原则，闸北法院最终判决在黄小某学龄前由黄某每月一次前往扬州探望。

【案例评析】

被告刘某作为孩子黄小某的直接抚养一方，对于另一方要求探望子女具有一定的协助义务。但若对方的探视会影响孩子的身心健康发展，直接抚养方阻止对方的探视是有道理的。本案中黄某之前探视孩子还与孩子的外祖父母发生过争执，且要求孩子在扬州和上海来回奔波的做法并不恰当，在法院多方面调查之后，还是允许了黄某探视孩子，但必须由黄某自己前往孩子所在地进行探望。这说明法院审理此类案件时还是将未成年人的合法权益作为核心，尽力保障未成年人身心的健康发展。

案例12：罗某清诉罗某离婚后财产分割案
[（2009）深宝法民一初字第3945号]

【法条指引】

《民法典》第1087条，关于离婚时夫妻共同财产分割的规定。

【案例事实与裁判】

原告罗某清与被告罗某于1985年12月3日在我国香港特别行政区登

记结婚，婚后育有一子罗某民，一女罗某仪。

被告罗某于1991年出资在深圳市宝安区西乡街道河东社区河东花园某巷某号建了1栋3层房屋（以下简称河东花园房屋）。该房屋土地使用面积182平方米，建筑面积372平方米。由于历史原因，该房屋登记在被告、被告的弟弟罗某新、弟媳梁某娣3人名下。罗某新、梁某娣承认该房屋实际是原告、被告共有的。1998年6月10日，被告、罗某新、梁某娣与原告签订协议，被告、罗某新、梁某娣3人将河东花园房屋转让给原告，原告占房屋100%产权。深圳市宝安区西乡镇河东村民委员会作为见证方予以见证。被告、罗某新、梁某娣又于2001年4月16日将河东花园房屋赠与原告及原、被告的子女罗某民、罗某仪。深圳市宝安区西乡镇法律服务所对该赠与行为作了见证。2002年12月28日，原告以100%产权人身份，按照《深圳市宝安区处理历史遗留违法私房实施办法》，将河东花园房屋申报在原告名下，申报号码：T1-1303-A01062。

被告于1994年在深圳市宝安区黄麻布工业街某房屋（以下简称黄麻布房屋），基底面积148.02平方米，建筑面积308.66平方米。

2006年2月22日，原、被告经我国香港特区法院判决离婚。其子罗某民已成年，其女罗某仪由原告抚养，被告负担抚养费。双方离婚时未对上述两栋房屋的分割问题签订书面协议。离婚后河东花园房屋由原告收租，黄麻布房屋无人使用。2006年8月30日，被告取得黄麻布房屋的房地产证（深房地字第5000220777号）。被告为100%权利人，房屋登记价为246400元。

另查明，原告罗某清自诉2001年开始原、被告的夫妻感情已经出现问题。被告承认该事实，并表示2001年之所以将河东花园房屋赠与原告，是因为当时双方感情已不好，两人共有两栋房屋，每人各分一栋，所以连同其自己的份额一并转给原告，方便以后离婚处理。

本案双方当事人的主要争点是：（1）原告是否通过赠与方式取得了河东花园房屋产权；（2）原告请求分割黄麻布房屋是否有事实和法律依据。

关于原告是否通过赠与方式取得了河东花园房屋产权的问题。本院认为，河东花园房屋本系被告于婚姻关系存续期间兴建，该房屋应为原告与被告在婚姻关系存续期间的共同财产。案外人罗某新、梁某娣并非河东花园房屋的所有人，对于该事实罗某新、梁某娣亦予承认。因此，1998年

6月10日，被告、罗某新、梁某娣3人及原告签订协议，将河东花园房屋“转让”给原告，原告占房屋100%产权，其行为目的是罗某新、梁某娣以“转让”这一法律行为，将本不属于自己而登记于其名下的财产，返还原、被告。因而该民事行为恢复了河东花园房屋原本属于原、被告共同财产的产权原状，也证实了罗某新、梁某娣对登记于其名下的河东花园房屋产权已作处分的事实。

《合同法》第185条规定，赠与合同是赠与人将自己的财产无偿给予受赠人，受赠人表示接受赠与的合同。2001年4月16日，作为房屋共有人的被告和并非房屋共有人的罗某新、梁某娣，再次签订协议将河东花园房屋“赠与”原本就是房屋共有人的原告及原、被告的子女。而此时罗某新、梁某娣是在1998年6月10日已对河东花园房屋产权归属作出处分的情形后，再次予以“赠与”处分，事实上处分的是属于原、被告的共有财产，而非其本人的财产，故该“赠与”行为有悖赠与合同的法律规定，应认定为无权处分行为。其后原告以100%产权人身份，按照深圳市宝安区处理历史遗留违法私房的程序，将河东花园房屋申报于其名下，拟登记的产权人也明显与所谓的“赠与”中的“受赠人”主体不完全一致。而在该行为与“赠与”合同的内容相违背的情况下，被告作为“赠与人”并未提出异议，说明当时双方实际上是以“赠与”这一形式掩盖分割共同财产的真实目的。结合原、被告当时感情已不好，被告有每人分得一栋房屋以便离婚时分割财产想法的案件事实，说明原、被告等人就河东花园房屋产权归属签订协议的真实意思是将由于历史原因登记在被告、罗某新、梁某娣3人名下的河东花园房屋，还原其真实产权关系，并将其登记于原告名下。而在原、被告离婚后，被告并未提出分割河东花园房屋，则是顺应当时河东花园房屋和黄麻布房屋产权登记的现状，确认原告分得河东花园房屋的事实，原、被告对河东花园房屋的处分行为应视为双方对共同财产分割的整体处分行为。

综上，原告所持通过赠与取得了河东花园房屋产权的主张与本案所查证的事实不符，本院不予采纳。

关于原告请求分割黄麻布房屋是否有事实和法律依据的问题。本院认为，《婚姻法》第39条第1款规定，离婚时，夫妻的共同财产由双方协议处理；协议不成时，由人民法院根据财产的具体情况，照顾子女和女方权益的原则判决。本案原、被告离婚时，其子女抚养问题已经我国香港特区法院判决处理；其共同财产应为河东花园房屋和黄麻布房屋，双方并未对两栋房屋的分割问题作出书面协议。而从离婚时双方控制房屋的现况来看：原告已以100%产权人身份，按照深圳市宝安区处理历史遗留违法私房的程序，将河东花园房屋申报于其名下；被告亦以100%产权人身份办理黄麻布房屋的产权证，并于2006年8月30日取得房地产证。以上案件事实说明，双方虽未就共同财产的分割问题签订书面协议，但对各自分得一栋房屋的事实是默认的；且从河东花园房屋和黄麻布房屋的所处地段看，河东花园房屋的价值远高于黄麻布房屋的价值，双方对两栋房屋的处分并不损害原告的利益，根据所持财产的具体情况，却体现了双方在分割共同财产利益上的平衡。综上，原告在已分得河东花园房屋的情形下仍要求分割黄麻布房屋，有悖公平原则，本院不予支持。

【案例评析】

本案原告罗某清、被告罗某虽然没有对夫妻财产分割作出一份明确的财产分割协议，却通过实际行动对夫妻的共同财产进行了分割。但事后原告要求法院分割房产即不认同之前的财产分割。法院在查清事实的前提下，认为之前分割方式已经考虑到照顾女方的原则，未支持原告的重新分割请求。

案例13：张某诉萧某离婚案
[（2006）岳民一初字第403号]

【法条指引】

《民法典》第1088条，关于离婚时一方的经济补偿请求权的规定。

【案例事实与裁判】

原、被告系自由恋爱结婚。1992年生育一男孩。原告曾于1996年起诉离婚，法院判决不予准许。此后，原、被告双方争吵和打架依然发生，夫妻感情日益恶化。1998年被告与其工作单位签订停薪留职协议后，长期在外务工。自1998年外出打工至2003年期间，原、被告双方联系甚少，被告回长沙都没与原告见面，仅仅于2002年汇给原告2200元。其间，原告未征得被告的同意，将夫妻双方原购住房与原告父母的旧房某大院某栋

2 单元 302 房进行交换，并将此房屋出租，原告则与其独自抚养的儿子居住于其父母家中，以减少家庭开支。2003 年至今，被告与家庭联系日益减少，仅为其儿子换电脑，购买过复读机、MP3 和自行车等学习和生活用品，后因原告无力独自承担抚养儿子的重担，被告又承担了 2003 年后的学费，但未支付小孩的其他抚养费。2006 年 3 月，原告从其所在单位下岗，并办理协保手续，其一次性经济补偿金 37872 元已用于原告本人的协保期间的基本养老保险和基本医疗保险，未发放给本人。

另查明：原、被告的儿子从 2004 年 8 月开始患病，在医院住院及门诊治疗共用去医疗费 2447. 73 元。原、被告的儿子从读书开始，由原告支付的学费合计为 1641. 1 元。

又查明，为购买房屋，原告借款 7700 元；被告借款 19000 元；双方无债权。长沙市某大院某栋 2 单元 302 房屋经鉴定价值为 78488 元。

原、被告虽系自由恋爱结婚，但双方性格差异较大，婚后没有建立起良好的夫妻感情，且从 2003 年至今分居已超过 2 年，可确认双方夫妻感情已彻底破裂，原、被告均同意离婚，本院予以准许。婚生小孩萧某某一直随原告共同生活，且被告长期在外打工，故小孩由原告抚养为宜；某大院某栋 2 单元 302 房的房产系原、被告双方借款购买，因原告多年来独自抚养小孩，对家庭所尽义务较多，而被告不但未尽丈夫的责任，而且未尽父亲的责任；父母对子女的责任，不仅仅是金钱上的付出，更多的是时间、精力的付出，而时间、精力的付出不是金钱所能衡量的。被告对家庭，不但金钱上付出较少，而且时间、精力几乎没有付出，所以原告要求被告补偿 2 万元的诉讼请求，应该予以支持；因原告已经承担了小孩多年的生活费、学费、医疗费等，故在原、被告为购买房屋所负债务的分担上，应由各自承担其所借债务，即原告承担本人借款 7700 元；被告承担本人借款 19000 元。因被告现工作单位及工资收入不清楚，且在诉讼后期联系不上，故原、被告位于长沙市某大院某栋 2 单元 302 房屋归原告所有，由原告给付被告 39244 元。关于原告因办理协保手续而获得的一次性经济补偿，因有证据证实此款未发放给本人，故不应作为共同财产分割。

【案例评析】

该案原告多年来独自抚养小孩，对家庭尽了更多的义务，而被告对家庭的付出无论从物质上还是精神上都颇少，所以法院支持了原告要求2万元经济补偿的诉求。从本案也可看出，在家照顾、抚养子女的一方其实承担了家庭更大的责任，虽然经济补偿制度应当适用于夫妻财产归各自所有的情形，但是法院实践审判时还是会基于一方在家庭中承担更多难以用金钱衡量的负担，而要求配偶给予经济补偿。可以说本次立法的修改可能也是基于实践中更多如此操作的情形以及对该法条真正适用的考虑。

案例14：宋某与刘某离婚后偿还夫妻共同债务纠纷案
[（2011）洛民终字第706号]

【法条指引】

《民法典》第1089条，关于离婚时夫妻共同债务分担的规定。

【案例事实与裁判】

被告宋某与王某原系夫妻关系。双方在婚姻关系存续期间没有对夫妻共同财产及债权债务进行约定。1998年1月24日双方协议离婚。1995年，原告刘某与王某共同出资承包了某学院劳动服务公司的雪糕厂，共同经营。1997年10月7日，经双方对雪糕厂的经营进行清算，确认原告刘某替王某多承担了债务及投资款共计41143.82元；此后双方发生纠纷，2004年5月31日，刘某为索要上述款项，将王某起诉至法院；经某区人民法院某民事判决确定，判决王某向刘某偿还垫资款41143.82元；承担诉讼费2374元。王某不服判决提出上诉。2006年9月11日，洛阳市中级人民法院终审判决驳回王某的上诉，维持原判决。终审判决生效后，王某没有履行还款义务；2006年刘某向某区人民法院申请强制执行被该院立案受理，案号为（2006）涧法执字第481号。案件在执行过程中，执行了2450元。2007年10月21日王某因病去世。2009年3月，刘某向本院执行局申请追加宋某为（2006）涧法执字第481号案的被执行人，要求宋某向其履行偿债义务。2009年6月10日，某区人民法院作出民事裁定，将被告宋某追加为被执行人，并对宋某依法采取了执行措施；后宋某提出执行异议。2009年9月4日，某区人民法院再次作出民事裁定，认为民事裁定书制作前，宋某与王某已非夫妻关系，裁定追加宋某为被执行人不妥，撤销了该民事裁定、解除了保全措施。2010年6月20日，原告刘某诉至某区人民法院。

原审认为，根据相关规定，夫妻在夫妻关系存续期间的财产，归夫妻共同所有，双方另有约定的除外。离婚时，原为夫妻共同生活所负的债务，以共同财产偿还。夫妻关系存续期间，一方从事个体经营或承包经营的，其收入为夫妻共有财产，债务亦应以夫妻共有财产清偿。本案中，王某在承包经营雪糕厂过程中欠刘某的款项共计43517.82元，已经终审判决予以确定，且已进入强制执行程序。在执行程序中已经执行的2450元，应从总欠款中扣除。因该债务的发生时间在1995年至1997年10月间，被告宋某与王某尚处在夫妻关系存续期间，而被告宋某在与王某的婚姻关系持续期间，没有对夫妻财产进行约定。双方在离婚时对房屋、家电等共同财产进行了分割，却对债务问题未作处理，故上述债务应属夫妻共同债务，应当共同清偿。被告宋某辩称原告的起诉超过诉讼时效，与刘某的债务在2006年才由法院终审确定，系发生在宋某离婚后不应由宋某偿还的辩解意见，没有事实和法律依据，不予采信。依照《民事诉讼法》第64条、《婚姻法》第41条之规定，原审判决：被告宋某对王某拖欠原告刘某的债务41040.82元，承担连带清偿责任。此款应在本判决生效后10日内支付完毕。本案诉讼费827元，由被告宋某承担。

本院认为，上诉人宋某与前妻王某在婚姻关系存续期间，如果存在夫妻共同财产和债权债务的约定，应当由上诉人宋某举证，且即使夫妻双方对婚姻关系存续期间债务进行约定也并不能仅据此认定相关债务为个人债务。上诉人宋某不能提供能够证明该债务确为其前妻王某个人债务的证据，证明其不应当对与前妻王某在婚姻关系存续期间的该债务承担责任，原审认定债务为共同债务，判令宋某对与前妻王某在婚姻关系存续期间产生的该债务承担连带清偿责任，并无不当。本案债务属于宋某与前妻王某的共同债务，债权人刘某可以向债务人中的任何一人主张权利，也可以同时向宋某与前妻王某主张权利，本案相关债务刘某向人民法院起诉王某后，人民法院已经作出判决并进入执行，因此本案诉讼时效应当从刘某知道王某去世后，该共同债务已无法从王某处直接执行清偿之时开始计算，上诉人宋某上诉称本案起诉超过诉讼时效的理由不能成立。上诉人宋某的上诉理由均不能成立，本院不予支持。原审认定基本事实清楚，适用法律正确，判决并无不当。

【案例评析】

该案法院认为夫妻关系存续期间，一方从事个体经营或承包经营的，其收入为夫妻共有财产，债务亦应以夫妻共有财产清偿。即认为一个经营行为的收入为夫妻共同财产时，为了支持该经营而借贷的款项属于夫妻共同债务。本案中双方离婚之时未对共同债务进行约定，则推定为依然以离婚之后的全部财产承担连带责任。此类判决使得以离婚作为逃避债务的方式不再可行。

案例 15：黄某与邹某卫经济帮助纠纷案
[（2006）新民初字第 407 号]

【法条指引】

《民法典》第 1090 条，关于离婚时一方的经济帮助请求权的规定。

【案例事实与裁判】

原告黄某与被告邹某卫均系聋哑人，二人于 1996 年 1 月 25 日登记结婚育一子邹某某，1998 年起双方在被告所在单位西京医院青年楼某号居住生活。房租水电等费用从被告工资中扣除。2005 年 10 月 14 日，原、被告以双方性格严重不和、5 年分居无法继续生活、夫妻感情已完全破裂为由，达成离婚协议，并在西安市新城区民政局婚姻登记处办理了离婚手续。双方达成的离婚协议中对子女抚养、财产分割作了明确的约定。离婚后双方之子邹某某随被告邹某卫生活。2005 年 12 月原告以其生活困难为由要求居住离婚前双方租用的房屋。2006 年 1 月 10 日西京医院营房科向邹某卫下发清房通知，限其于 2006 年 1 月 15 日腾房。邹某卫于 2006 年 1 月14 日将其财产搬出，原告黄某也搬出其部分财产。原告黄某在本案审理中变更诉讼请求，以其生活困难为由要求被告邹某卫支付其自离婚后 3 年的租房费用每月计 120 元，合计 4320 元，被告表示不同意且认为与原请求无关。

黄某现系西安邮政局临时工，每月基本工资 500 元，被告邹某卫每月工资 850 元。

经济帮助是指在婚姻关系解除时，经双方协议或法院判决有能力帮助的一方对生活确有困难的一方给予适当财物资助的制度。请求经济帮助的主体只能是婚姻关系中基于离婚而依靠财产分割不能维持当地基本生活水平的一方。作为一项离婚救济制度，经济帮助的行使有着严格的时限性，即经济帮助仅限于离婚时而不是离婚后行使。随着婚姻关系的解除，生活困难一方原基于配偶关系所享有的经济帮助请求权和有能力帮助的一方给予经济帮助的义务同时消灭。本案原告在离婚后以其生活困难为由要求原配偶即被告予以经济帮助，不符合经济帮助的要件，其请求本院不予支持。

【案例评析】

该案中法院认为黄某向前夫邹某卫要求经济帮助的请求不合理，因为她的主张是在离婚之后。如果离婚之时未有明确主张，是否在一定时限之内可以单独请求，这个在理论上还是值得探讨的。

案例16：雷某某诉宋某某离婚纠纷案
［（2015）三中民终字第08205号］

【法条指引】

《民法典》第1092条，关于离婚一方当事人隐藏、变卖、毁损夫妻共同财产，或者虚构共同债务的法律后果的规定。

【案例事实与裁判】

原告雷某某（女）和被告宋某某于2003年5月19日登记结婚，双方均系再婚，婚后未生育子女。双方婚后因琐事感情失和，于2013年上半年产生矛盾，并于2014年2月分居。雷某某曾于2014年3月起诉要求与宋某某离婚，经法院驳回后，双方感情未见好转。2015年1月，雷某某再次诉至法院要求离婚，并依法分割夫妻共同财产。宋某某认为夫妻感情并未破裂，不同意离婚。

雷某某称宋某某名下在中国邮政储蓄银行的账户内有共同存款37万元，并提交存取款凭单、转账凭单作为证据。宋某某称该37万元，来源于婚前房屋拆迁补偿款及养老金，现尚剩余20万元左右（含养老金14322.48元），并提交账户记录、判决书、案款收据等证据。

宋某某称雷某某名下有共同存款25万元，要求依法分割。雷某某对此不予认可，一审庭审中其提交在中国工商银行尾号为4179账户自2014年1月26日起的交易明细，显示至2014年12月21日该账户余额为262.37元。二审审理期间，应宋某某的申请，法院调取了雷某某上述中国工商银行账号自2012年11月26日开户后的银行流水明细，显示雷某某于2013年4月30日通过ATM转账及卡取的方式将该账户内的195000元转至案外人雷某齐名下。宋某某认为该存款是其婚前房屋出租所得，应归双方共同所有，雷某某在离婚之前即将夫妻共同存款转移。雷某某提出该笔存款是其经营饭店所得收益，开始称该笔款项已用于夫妻共同开销，后又称用于偿还其外甥女的借款，但雷某某对其主张均未提供相应证据证明。另，雷某某在庭审中曾同意各自名下存款归各自所有，其另行支付宋某某10万元存款，后雷某某反悔，不同意支付。

婚姻关系以夫妻感情为基础。宋某某、雷某某共同生活过程中因琐事产生矛盾，在法院判决不准离婚后，双方感情仍未好转，经法院调解不能和好，双方夫妻感情确已破裂，应当判决准予双方离婚。

本案二审期间双方争议的焦点在于雷某某是否转移夫妻共同财产和夫妻双方名下的存款应如何分割。《婚姻法》第17条第2款规定："夫妻对共同所有的财产，有平等的处理权。"第47条第1款规定："离婚时，一方隐藏、转移、变卖、毁损夫妻共同财产，或伪造债务企图侵占另一方财产的，分割夫妻共同财产时，对隐藏、转移、变卖、毁损夫妻共同财产或伪造债务的一方，可以少分或不分。离婚后，另一方发现有上述行为的，可以向人民法院提起诉讼，请求再次分割夫妻共同财产。"这就是说，一方在离婚诉讼期间或离婚诉讼前，隐藏、转移、变卖、毁损夫妻共同财产，或伪造债务企图侵占另一方财产的，侵害了夫妻对共同财产的平等处理权，离婚分割夫妻共同财产时，应当依照《婚姻法》第47条第1款的规定少分或不分财产。

本案中，关于双方名下存款的分割，结合相关证据，宋某某婚前房屋拆迁款转化的存款，应归宋某某个人所有，宋某某婚后所得养老保险金，应属夫妻共同财产。雷某某名下中国工商银行尾号为4179账户内的存款为夫妻关系存续期间的收入，应作为夫妻共同财产予以分割。雷某某于2013年4月30日通过ATM转账及卡取的方式，将尾号为4179账户内的195000元转至案外人名下。雷某某始称该款用于家庭开销，后又称用于偿还外债，前后陈述明显矛盾，对其主张亦未提供证据证明，对钱款的去向不能作出合理的解释和说明。结合案件事实及相关证据，认定雷某某存在转移、隐藏夫妻共同财产的情节。根据上述法律规定，对雷某某名下中国工商银行尾号4179账户内的存款，雷某某可以少分。宋某某主张对雷某某名下存款进行分割，符合法律规定，予以支持。故判决宋某某婚后养老保险金14322.48元归宋某某所有，对于雷某某转移的19.5万元存款，由雷某某补偿宋某某12万元。

【案例评析】

尽管想要侵占夫妻共同财产的一方可能会通过各种手段转移财产，但是法官都会对夫妻共同财产的部分进行审查，并会要求当事人就不明财产的流转动向进行解释。若没有正当理由，法院是可基于该规定要求企图侵占夫妻共同财产的一方少分或者不分财产的。

第五章　收　　养

案例 17：张某 1 与张某 2 等解除收养关系纠纷上诉案
[（2018）京 03 民终 1990 号]

【法条指引】

《民法典》第 1101 条，关于夫妻共同收养的规定。

【案例事实与裁判】

张某 1 的生父为李某，李某系安某之长子。1987 年 11 月 5 日，安某与张某 2 登记结婚，安某系再婚。1987 年 11 月 16 日，张某 1 出生，10 天后被张某 2、安某收养。张某 2 和安某将张某 1 抚养至十五六岁时，张某 1 离家，后一直未与张某 2、安某共同生活。2017 年 10 月 23 日，张某 2 诉至法院要求解除其与张某 1 的收养关系，之后又申请撤诉。后张某 2 又以其与张某 1 关系恶化、无法共同生活为由，向北京市平谷区人民法院起诉，要求解除张某 2、安某与张某 1 的收养关系。法院支持张某 2 的请求，判决解除张某 2、安某与张某 1 的收养关系。张某 1 不服判决，上诉至北京市第三中级人民法院。二审法院认为，安某与张某 1 系祖母孙女关系，属于直系血亲，不能成立收养关系。张某 2 与安某系夫妻关系，张某 2 亦不能单独与张某 1 成立收养关系。虽然户口簿登记张某 2、安某与张某 1 系父母子女关系，但双方均未能提供收养登记证、收养事实证明或者收养公证书等证据证明其已成立事实收养关系。因此，张某 2、安某起诉要求解除的法律关系不存在，一审法院认定双方构成事实收养关系并判决解除该收养关系，属于事实认定错误。

【案例评析】

《民法典》第 1101 条规定，有配偶者收养子女，应当夫妻共同收养。这一规定的理由有二：第一，由于收养法律行为对身份关系的影响重大，为了尊重另一方配偶的收养意愿与合法权益，有配偶者收养子女的，应当在夫妻双方对收养子女达成合意时进行共同收养。第二，夫妻双方对收养行为存在合意，也有助于夫妻双方共同履行抚养子女的义务，有利于被收养人的成长。这一规定属于强行性规定，其效力在于：第一，有配偶者如果未经另一方配偶同意，单独收养子女的，该收养行为无效。第二，配偶一方与某未成年人存在无法成立收养关系的法律事实，如主体不适格，则另一方配偶也无法与该未成年人成立收养关系。本案中，由于安某与张某1系祖母孙女关系，属于直系血亲，成立收养关系将有违伦常，因此无法成立收养关系。张某2与安某系夫妻关系，在安某无法与张某1成立收养关系的情形下，张某2也无法与后者成立收养关系。

案例18：冯某诉蔡某解除收养纠纷案
[（2014）师民初字第729号]

【法条指引】

《民法典》第1105条，关于收养登记的规定。

【案例事实与裁判】

2001年12月21日，云南省师宗县的冯某夫妇生育女儿蔡琼。2002年，冯某同意蔡琼由被告蔡某抚养，并将蔡琼的户口落在蔡某的户口簿上，但冯某与蔡某并未到相关部门办理收养登记。后蔡琼与蔡某关系恶化，蔡某打骂蔡琼，蔡琼与蔡某的矛盾日愈加深。现冯某因蔡琼的抚养问题诉至法院，请求判决解除蔡某与蔡琼的收养关系。

法院认为，1998年11月4日修改的《收养法》第15条第1款规定，收养应当向县级以上人民政府民政部门登记。收养关系自登记之日起成立。本案中，蔡某对蔡琼的抚养从2002年开始，但未到民政部门办理收养登记手续，故蔡某与蔡琼之间并未形成收养关系，原告冯某对蔡琼的抚养权依然存在。因此，原告提出解除蔡某与蔡琼的收养关系的诉讼请求，法院不予支持。

【案例评析】

收养行为属于要式法律行为。登记是收养行为的生效要件，事实收养不产生收养法上的法律效力。1998 年修改后的《收养法》第 15 条第 1 款将收养的生效要件统一为登记："收养应当向县级以上人民政府民政部门登记。收养关系自登记之日起成立。"第 25 条更明确规定："违反《中华人民共和国民法通则》第五十五条和本法规定的收养行为无法律效力。收养行为被人民法院确认无效的，从行为开始起就没有法律效力。"《民法典》延续了此规定，要求收养关系必须在县级以上人民政府部门登记，收养关系自登记之日起成立。同时，根据《民法典》第 1113 条的规定，没有进行登记的收养行为无效，无效的收养行为自始没有法律约束力。

本案中，蔡某对蔡琼的抚养始于 2002 年，未到民政部门办理收养登记，故收养关系不成立。收养关系生效的，养子女与生父母之间的父母子女关系始消除。因此，冯某与蔡琼之间的亲子关系仍然存在，蔡某与蔡琼之间并不存在收养关系。

案例 19：王某等与王某田解除收养关系纠纷案
[（2017）苏 0312 民初 9371 号]

【法条指引】

《民法典》第 1118 条，关于收养关系解除后的财产效果的规定。

【案例事实与裁判】

王某（男）与张某（女）婚后一直未生育，于 1975 年收养了刚出生的王某田，视如己出，将其抚养成人。1990 年，王某田成家立业，其后生活稳定，对养父母也算孝敬，关系一直不错。2002 年，张某去世，王某一人生活。2005 年，王某的房子漏雨，向王某田要 1000 元修房，王某田手头紧不愿给。王某提议卖掉王某田的一棵树，王某田不同意，但几天后自己把树卖了为王某修房。但因为这件事情，王某和王某田心存芥蒂，当街发生争吵。其后，二人矛盾日深，逐渐不相来往。王某认为其含辛茹苦将王某田养大，王某田却因小事与其断绝往来，因此于 2017 年 12 月诉至法院，要求解除收养关系，并要求王某田补偿收养期间支出的生活费和教育费 6 万元，且以后每月支付生活费 500 元。

法院认为，双方之间的隔阂已经持续较长时间，王某田对王某缺乏必要的尊重和照顾，导致王某对其失去信任，双方关系确已恶化，无法共同生活。现王某坚决要求解除收养关系，应予支持。然而，王某并未提供证据证明王某田有虐待、遗弃的行为，故对其要求王某田补偿收养期间支出的生活费和教育费的主张不予支持，但王某田仍应履行必要的赡养义务。据此，判决解除王某与王某田的收养关系，王某田每月支付王某生活费400元。

【案例评析】

收养关系的成立在养父母与养子女之间形成法律拟制的父母子女的权利义务关系。养父母应当履行抚养、教育和保护养子女的义务，相应地，养子女在成年后对养父母负有赡养义务。养子女成年以后解除收养关系的，打破了收养关系双方权利义务之间的平衡状态。由于收养关系的解除不具有溯及力，对于因抚养教育子女已经付出的花费，养父母不能要求养子女返还。基于公平原则，养子女应当对养父母进行补偿。《民法典》第1118条第1款对此作了规定，其依据收养关系的解除原因，分别规定了养父母的生活费用补偿权（第1句）和经济补偿权（第2句）。收养关系因养父母与成年养子女关系恶化、无法共同生活而解除的，收养关系解除后，经养父母抚养的成年养子女，对缺乏劳动能力又缺乏生活来源的养父母，应当给付生活费。收养关系因养子女成年后虐待、遗弃养父母而解除关系的，养父母可以要求养子女补偿收养期间支出的抚养费。

本案中，王某与王某田的收养关系系因两人关系恶化、无法共同生活而解除，当王某缺乏劳动能力又缺乏生活来源时，王某田应当支付其生活费，故王某田应当每月支付王某生活费400元。非因养子女成年后虐待、遗弃养父母而解除收养关系的，养父母不可以要求养子女补偿收养期间支出的抚养费。王某对王某田有虐待、遗弃的行为承担举证责任，其未能提供证据证明其事实主张，应承担不利后果，对其要求王某田补偿收养期间支出的抚养费的主张不予支持。